改訂新版

まるごと
授業 算数 5 年 (上)

喜楽研の
QRコードつき授業シリーズ

板書と 授業 展開が
ょくわかる

企画・編集：原田 善造・新川 雄也

わかる喜び学ぶ楽しさを創造する教育研究所　略称 喜 楽 研

はじめに

　「子どもたちが楽しく学習ができた」「子どもたちのわかったという表情が嬉しかった」という声をこれまでにたくさんいただいております。喜楽研の「まるごと授業算数」を日々の授業に役立てていただき誠にありがとうございます。今回は，それを一層使いやすくなるように考え，2024年度新教科書にあわせて「喜楽研のQRコードつき授業シリーズ改訂新版　板書と授業展開がよくわかる まるごと授業算数 1年～6年」(上下巻計12冊)を発行することにいたしました。

　今回の本書の特徴は，まず，ICTの活用で学習内容を豊かにできるということです。QRコードから各授業で利用できる豊富な資料を簡単にアクセスすることができます。学習意欲を高めたり，理解を深めたりすることに役立つ動画や画像，子どもたちの学習を支援するワークシートや，学習の定着に役立つふりかえりシートも整えております。また，授業準備に役立つ板書用のイラストや図も含まれています。

　次に，本書では，どの子もわかる楽しい授業になることを考えて各単元を構成しています。まず，全学年を通して実体験や手を使った操作活動を取り入れた学習過程を重視しています。子ども一人ひとりが理解できるまで操作活動に取り組み，相互に関わり合うことで，協働的な学びも成り立つと考えます。具体物を使った操作活動は，それを抽象化した図や表に発展します。図や表に表すことで学習内容が目で見えるようになりイメージしやすくなります。また，ゲームやクイズを取り入れた学習活動も満載です。紙芝居を使った授業プランもあります。それらは，子どもたちが楽しく学習に入っていけるように，そして，協働的な学びの中で学習内容が習熟できるような内容になっています。全国の地道に算数の授業づくりをしておられる先生方の情報を参考にしながらまとめ上げた内容になっています。

　学校現場は，長時間勤務と多忙化に加えて，画一的な管理も一層厳しくなっていると聞きます。新型コロナ感染症の流行もありました。デジタル端末を使用することで学び方も大きく影響されてきています。そんな状況にあっても，未来を担う子どもたちのために，楽しくてわかる授業がしたいと，日々奮闘されている先生方がおられます。また，新たに教員になり，子どもたちと楽しい算数の授業をしてともに成長していきたいと願っている先生方もおられます。本書を刊行するにあたり，そのような先生方に敬意の念とエールを送るとともに，楽しくわかる授業を作り出していく参考としてお役に立ち，「楽しくわかる授業」を作り出していく輪が広がっていくことを心から願っています。

2024年3月

本書の特色

すべての単元・すべての授業の指導の流れがわかる

　学習する全単元・全授業の進め方を掲載しています。学級での日々の授業や参観日の授業，研究授業や指導計画作成等の参考にしていただけます。

　各単元の練習問題やテストの時間も必要なため，本書の各単元の授業時数は，教科書より少ない配当時数にしています。

1時間の展開例や板書例を見開き2ページでわかりやすく説明

　実際の板書をイメージできるように，板書例を2色刷りで大きく掲載しています。また，細かい指導の流れについては，3～4の展開に分けて詳しく説明しています。どのように発問や指示をすればよいかが具体的にわかります。先生方の発問や指示の参考にしてください。

QRコンテンツの利用で，わかりやすく楽しい授業，きれいな板書づくりができる

　各授業展開ページのQRコードに，それぞれの授業で活用できる画像やイラスト，ワークシートなどのQRコンテンツを収録しています。印刷して配布するか，タブレットなどのデジタル端末に配信することで，より楽しくわかりやすい授業づくりをサポートします。画像やイラストは大きく掲示すれば，きれいな板書づくりにも役立ちます。

　ベテラン教師によるポイント解説や教具の紹介なども収録していますので参考にしてください。

ICT活用のアイデアも掲載

　それぞれの授業展開に応じて，電子黒板やデジタル端末などのITC機器の活用例を掲載しています。子ども自身や学校やクラスの実態にあわせてICT活用実践の参考にしてください。

5年（上）目次

QR コンテンツについて

授業内容を充実させるコンテンツを多数ご用意しました。右の QR コードを読み取るか下記 URL よりご利用ください。

URL: https://d-kiraku.com/4576/4576index.html
ユーザー名：kirakuken
パスワード：mY8rC9

※ 各授業ページの QR コードからも，それぞれの時間で活用できる QR コンテンツを読み取ることができます。
※ 上記 URL は，学習指導要領の次回改訂が実施されるまで有効です。

整数と小数

直方体や立方体の体積

比例

小数のかけ算

小数のわり算

本書の使い方

◆ 板書例
時間ごとに表題（めあて）を記載し，1～4の展開に合わせて，およそ黒板を4つに分けて記載しています。（展開に合わせて[1]～[4]の番号を振っています）大切な箇所や「まとめ」は赤字や赤の枠を使用しています。ブロック操作など，実際は操作や作業などの活動もわかりやすいように記載しています。

◆ 目標
1時間の学習を通して，児童に身につけてほしい具体的目標を記載しています。

◆ POINT
時間ごとの授業のポイントやコツ，教師が身につけておきたいスキル等を記載しています。

◆ 授業の展開
① 1時間の授業の中身を3～4コマの場面に切り分け，およその授業内容を記載しています。
② Tは教師の発問等，Cは児童の発言や反応を記載しています。
③ 枠の中に，教師や児童の顔イラスト，吹き出し，説明図等を使って，授業の進め方をイメージしやすいように記載しています。

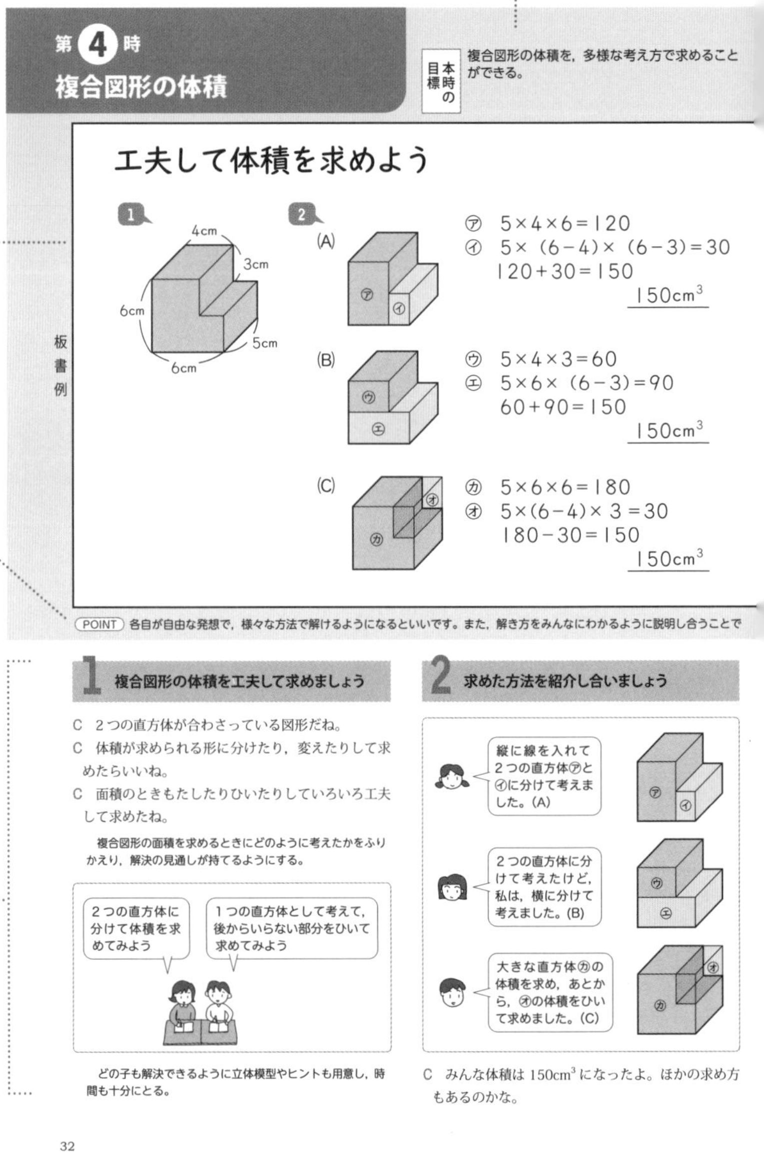

第4時
複合図形の体積

本時の目標　複合図形の体積を，多様な考え方で求めることができる。

板書例

工夫して体積を求めよう

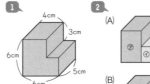

[1]
4cm
3cm
6cm
5cm
6cm

[2]
(A)
㋐　5×4×6＝120
㋑　5×（6－4）×（6－3）＝30
120＋30＝150
150cm³

(B)
㋒　5×4×3＝60
㋓　5×6×（6－3）＝90
60＋90＝150
150cm³

(C)
㋕　5×6×6＝180
㋔　5×(6－4)× 3 ＝30
180－30＝150
150cm³

[POINT] 各自が自由な発想で，様々な方法で解けるようになるといいです。また，解き方をみんなにわかるように説明し合うことで

1 複合図形の体積を工夫して求めましょう

C　2つの直方体が合わさっている図形だね。
C　体積が求められる形に分けたり，変えたりして求めたらいいね。
C　面積のときもたしたりひいたりしていろいろ工夫して求めたね。

複合図形の面積を求めるときにどのように考えたかをふりかえり，解決の見通しが持てるようにする。

2つの直方体に分けて体積を求めてみよう
1つの直方体として考えて，後からいらない部分をひいて求めてみよう

どの子も解決できるように立体模型やヒントも用意し，時間も十分にとる。

2 求めた方法を紹介し合いましょう

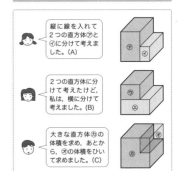

縦に線を入れて2つの直方体㋐と㋑に分けて考えました。(A)
2つの直方体に分けて考えたけど，私は，横に分けて考えました。(B)
大きな直方体㋕の体積を求め，あとから，㋔の体積をひいて求めました。(C)

C　みんな体積は150cm³になったよ。ほかの求め方もあるのかな。

32

◆ 準備物
1時間の授業で使用する準備物を記載しています。準備物の数量は，児童の人数やグループ数などでも異なってきますので，確認して準備してください。
[QR] は，QR コードから使用できます。

◆ ICT
各授業案の ICT 活用例を記載しています。

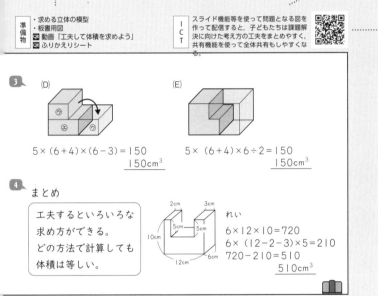

◆ QR コード
1時間の授業で使用する QR コンテンツを読み取ることができます。
印刷して配布するか，児童のタブレットなどに配信してご利用ください。
（QR コンテンツの内容については，本書 p8, 9 で詳しく紹介しています）

※ＱＲコンテンツがない時間には，QR コードは記載されていません。
※ QR コンテンツを読み取る際には，パスワードが必要です。パスワードは本書 p4 に記載されています。

[準備物]
・求める立体の模型
・板書用図
[QR] 動画「工夫して体積を求めよう」
[QR] ふりかえりシート

[ICT] スライド機能等を使って問題となる図を作って配信すると，子どもたちは課題解決に向けた考え方の工夫をまとめやすく，共有機能を使って全体共有もしやすくなる。

[3]
(D)
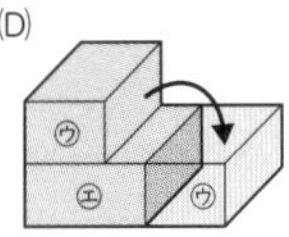

$5\times(6+4)\times(6-3)=150$
150cm³

(E)
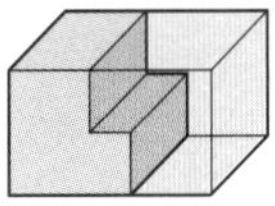

$5\times(6+4)\times6\div2=150$
150cm³

[4] まとめ

工夫するといろいろな求め方ができる。
どの方法で計算しても体積は等しい。

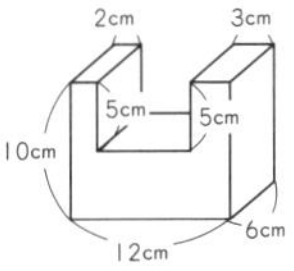

れい
$6\times12\times10=720$
$6\times(12-2-3)\times5=210$
$720-210=510$
510cm³

理解や考え方を深めることになります。

3 立体の一部を移動させたり，立体を2つを合わせたりする考えを紹介しましょう

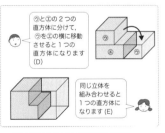

㋒と㋓の２つの直方体に分けて，㋒を㋓の横に移動させると１つの直方体になります (D)

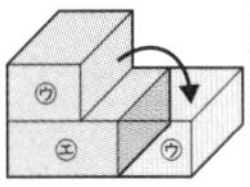

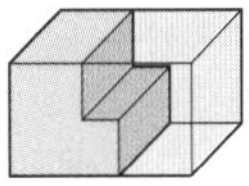

同じ立体を組み合わせると１つの直方体になります (E)

特殊な形のため，たくさんの方法が見つけられる。
図形を２つに分ける，移動させてつなげる，同じ図形を逆さにして合わせるなどの方法は，模型を使って考えられるようにしたい。

学習のまとめをする。

4 他の複合図形にも挑戦して，求め方を自分のノートにまとめましょう

いくつかの解き方があるが，どの方法で解くか，納得できる，その子に合った方法で解けばよいことを伝える。

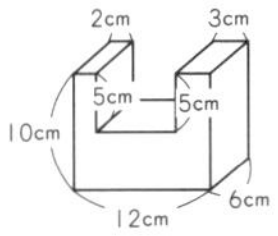

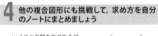

(C) の方法で求めてみよう

３つの直方体に分けて，求めてみよう

ふりかえりシートが活用できる。

直方体や立方体の体積　33

QR コンテンツの利用で
楽しい授業・わかる授業ができる

授業動画や授業のポイント解説，簡単で便利な教具などを紹介

　　子どもが喜ぶ楽しい「紙芝居」を使った授業や，
簡単に作れる教具を使った授業，各学年でポイントと
なる単元の解説やなど，算数のベテラン教師による動画が視聴できます。楽しいだけ
でなく，どの子も「わかる」授業ができるような工夫が詰め込まれています。

授業で使える「ふりかえりシート」「ワークシート」

 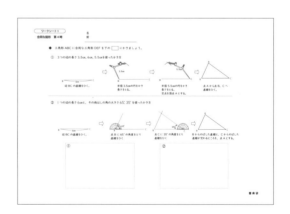

　　授業の展開で使える「ワークシート」や，授業のまとめや宿題として使える「ふりか
えりシート」などを収録しています。クラスの実態や授業内容に応じて，印刷して配布
するか，児童のタブレットなどに配信してご利用ください。

見てわかる・理解が深まる動画や画像

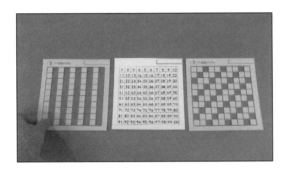

　　文章や口頭では説明の難しい内容は，映像を見せることでわかりやすく説明できます。視覚に訴えかけることで，児童の理解を深めると同時に，児童が興味を持って授業に取り組めます。

※ 動画には音声が含まれていないものもあります。

板書作りにも役立つ「イラストや図・表」

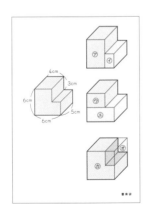
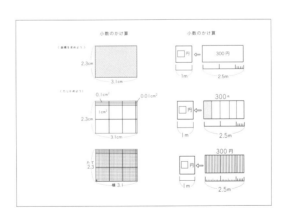

　イラストや図・表は，黒板上での操作がしやすく，きれいな板書作りに役立ちます。
　また，児童に配信することで，タブレット上で大きくはっきりと見ることもできます。

※ QR コンテンツを読み取る際には，パスワードが必要です。パスワードは本書 p4 に記載されています。

文章題の解き方　提案

提案者：原田善造

なぜ，かけ算・わり算4マス表が必要になったのか

5年生を担任していたとき，次のような文章題でたくさんの子どもたちが誤答でした。

> 0.6 m が 0.3kg のはり金があります。このはり金1mの重さは何kgですか。

0.6 × 0.3 や，0.3 × 0.6 と立式した子どもと，わからないと答えた子どもが約3割，
0.6 ÷ 0.3 と立式した子どもが約5割いました。
なんと8割もの子どもたちが誤答だったのです。
ショックを受けた私は，日夜考え，次のような文章題の解き方を子どもたちに提案しました。

文章題をかけ算・わり算4マス表に整理する

上記の文章題を対応表（かけ算・わり算4マス表）に整理すると，次のようになります。
（※対応表とも名づけたのは，はり金の長さとその重さが対応している表だからです。）

かけ算・わり算4マス表に整理したあと，簡単な整数におきかえて立式を考える

? kg	6kg
1 m	3 m

□ × 3 = 6 …かけ算で立式… □ × 0.6 = 0.3

6 ÷ 3 = 2 …わり算で立式… 0.3 ÷ 0.6 = 0.5

? kg	0.3 kg
1 m	0.6 m

答え　2kg

答え　0.5kg

「かけ算・わり算 4 マス表」と「かけ・わり図」で むずかしい文章題の壁を突破しよう

かけ・わり図（かけ算・わり算の図）で量の大きさを！

4マス対応表はとても便利で立式もでき，答えも求められますが，$0.3 \div 0.6 = 0.5$ の量の関係がわかりにくいので，かけ・わり図をかきます。

0.6 m で 0.3kg ですから，1 m では，0.3kg より重くなることがわかります。

かけ算・わり算 4 マス表で整理すると，3 つのパターンになる

① かけ算

1 m が 0.4 kg のはり金があります。

このはり金 0.5 m の重さは何 kg ですか。

0.4 kg	? kg
1 m	0.5 m

$0.4 \times 0.5 = 0.2$

答え　0.2 kg

② 1 m あたりの重さを求めるわり算

0.5 m が 0.2 kg のはり金があります。

このはり金 1 m の重さは何 kg ですか。

? kg	0.2 kg
1 m	0.5 m

$\square \times 0.5 = 0.2$
$0.2 \div 0.5 = 0.4$

答え　0.4 kg

③ はり金の長さ（いくら分）を求めるわり算

1 m が 0.4 kg のはり金があります。

このはり金 0.2 kg の長さは何 m ですか。

0.4 kg	0.2 kg
1 m	? m

$0.4 \times \square = 0.2$
$0.2 \div 0.4 = 0.5$

答え　0.5 m

かけ算・わり算 4 マス表で整理すると，3 つのパターンになる

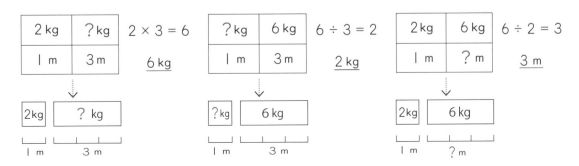

にらめっこ図で
「もとにする量」「倍」「比べられる量」の関係がよくわかる

昨日 4cmだったタケノコが，今日はその 3 倍になりました。タケノコは何cmになりましたか。

 この文章を図に表して答えを求めよう

<にらめっこ図のかき方>

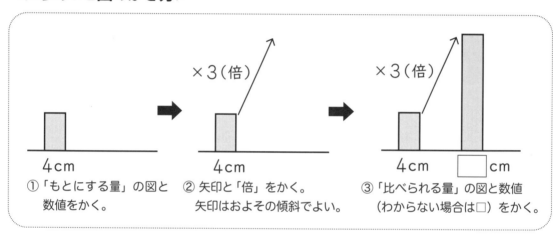

① 「もとにする量」の図と数値をかく。

② 矢印と「倍」をかく。矢印はおよその傾斜でよい。

③ 「比べられる量」の図と数値（わからない場合は□）をかく。

昨日のタケノコから今日のタケノコを見ると 3 倍

昨日のタケノコ	の	3倍	は	今日のタケノコ
もとにする量	×	倍	=	比べられる量
4	×	3	=	12

<u>　12cm　</u>

「にらめっこ図」の指導方法は, 1991 年に石原清貴氏によって考案されました。「もとにする量」と「比べられる量」が互いに「にらめっこ」しているのに例えて名付けられました。「もとにする量」「倍」「比べられる量」を「にらめっこ図」に表し,「もとにする量 × 倍 = 比べられる量」から答えを導き出します。この図の良さは,「もとにする量」と「比べられる量」が高さで比較されるため, 2 つの量の大きさが一目でわかることです。

1 「比べられる量」を求める

問題 昨日 5 cm だったタケノコが今日はその 3 倍になりました。タケノコは何 cm になりましたか。

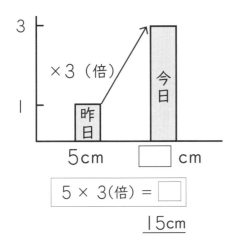

$$5 × 3(倍) = \boxed{}$$

<u>15cm</u>

2 「倍」を求める

問題 体重が 2kg だった子犬が, 半年後 4kg になりました。体重は何倍になりましたか。

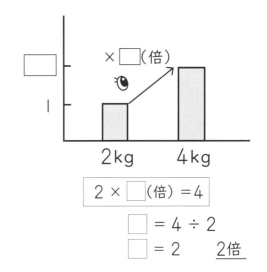

$$2 × \boxed{}(倍) = 4$$

$$\boxed{} = 4 ÷ 2$$

$$\boxed{} = 2 \qquad \underline{2倍}$$

3 「もとにする量」を求める

問題 ゆうとさんの体重は 32kg で, 弟の体重の 4 倍です。弟の体重は何 kg ですか。

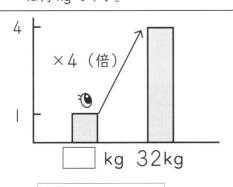

$$\boxed{} × 4(倍) = 32$$

$$\boxed{} = 32 ÷ 4$$

$$\boxed{} = 8 \qquad \underline{8kg}$$

1 ～ 3 のどの問題も,
にらめっこ図のとおりに

もとにする量 × 倍 = 比べられる量

の式にあてはめてから
計算しているよ。

整数と小数

◎ 学習にあたって ◎

<この単元で大切にしたいこと>

　5年生の中心教材は，小数です。小数の加減乗除が完結します。そのことからも，5年生の最初の単元で，小数の概念をしっかりとらえさせておくことは重要です。

　小数の概念で最も重要なことは，整数と同様に小数も十進構造をもち，十進位取り記数法で表されるということです。十進位取り記数法というのは，「0から9までの数字と小数点を使うと，位取りによってどんな大きさの整数や小数でも表すことができる」という方法です。

<数学的見方考え方と操作活動>

　十進位取り記数法の基本は，「10集まると1つ上の位に上がり，10等分すると1つ下の位に下がる」ということです。本誌にある「やってみよう」の学習をしたり，「1～0.0001の大きさ比べ」（QRコードより）を利用したりして，小数の仕組みを視覚的にとらえられるようにします。

<個別最適な学び・協働的な学びのために>

　教科書の多くはマラソンコース42.195kmのように，はじめから小数が与えられていますが，本書の導入では小数を作るところからはじめ，小数の仕組みを考えるようにしています。

　また，整数や小数の10倍・100倍・1000倍，また，$\frac{1}{10}$・$\frac{1}{100}$・$\frac{1}{1000}$ をする方法をまず子どもが自由に考えた後で，位取り表を使って確かめたり，説明したりできるように授業を展開しています。

知識および技能	整数と小数は，十進位取り記数法の仕組みを基に表されていることを理解し，10倍・100倍・1000倍（$\frac{1}{10}$・$\frac{1}{100}$・$\frac{1}{1000}$）すると，小数点が右（左）へそれぞれ1けた・2けた・3けた移ることを活用して問題を解くことができる。
思考力，判断力，表現力等	十進位取り記数法の仕組みを基にして，$\frac{1}{10}$の位，$\frac{1}{100}$の位，$\frac{1}{1000}$の位の仕組みを考える。
主体的に学習に取り組む態度	整数と小数は，十進位取り記数法の仕組みを基に表しているという特徴について考える。

◎ 指導計画　3時間 ◎

時	題	目　標
みやようて	整数・小数のしくみ	0.1, 0.01, 0.001, 0.0001 の小数の大きさを理解する。 整数と小数は，十進位取り記数法で表されることを理解する。
1	整数・小数の記数法	整数や小数はどちらも十進位取り記数法で表され，どんな数も0～9までの数字と小数点で表記できることを理解する。
2	10倍，100倍，1000倍	整数や小数を10倍，100倍，1000倍すると，位はそれぞれ1けた，2けた，3けた，…と上がり，小数点は右に1けた，2けた，3けた，…と移動することを理解する。
3	$\frac{1}{10}$，$\frac{1}{100}$，$\frac{1}{1000}$	整数や小数を$\frac{1}{10}$，$\frac{1}{100}$，$\frac{1}{1000}$…にすると，位はそれぞれ1けた，2けた，3けた，…と下がり，小数点は左に1けた，2けた，3けた，…と移動することを理解する。

本時の目標

0.1, 0.01, 0.001, 0.0001 の小数の大きさを
理解する。
整数と小数は，十進位取り記数法で表されること
を理解する。

板書例

1 ～ 0.0001 を作ってみよう

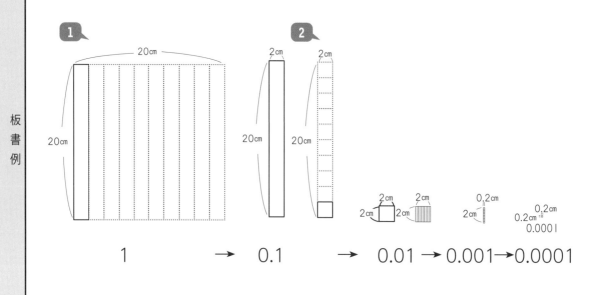

POINT　実際に，0.1，0.01，0.001，0.0001 を作る作業を丁寧に行うことで，上の位の $\frac{1}{10}$ ずつになって，1 つ下の位の小数がで

1 1 から 0.1 を作ってみよう

20cm × 20cm の画用紙を 1 人に 2 枚ずつ配る。

T　この正方形を 1 としたとき 0.1，0.01，0.001，
0.0001 はどのくらいの大きさになるでしょう。
みんなで作ってみましょう。

縦に 10 等分して，1 本分をはさみで切りとる。

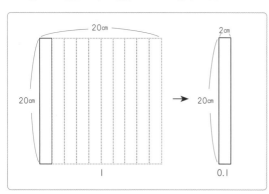

T　1 を 10 等分した 1 本分が 0.1 です。

2 同じように 0.01，0.001，0.0001 を作ってみよう

T　0.1 を 10 等分して 0.01 を作りましょう。

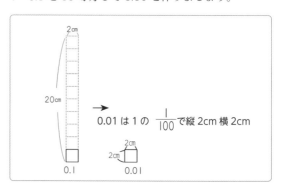

→ 0.01 は 1 の $\frac{1}{100}$ で縦 2cm 横 2cm

続けて，0.001，0.0001 を同じように 10 等分して作って
いく。

2cm 2cm 0.01	10 等分 →	0.2cm 2cm 0.001	10 等分 →	0.2cm 0.2cm 0.0001

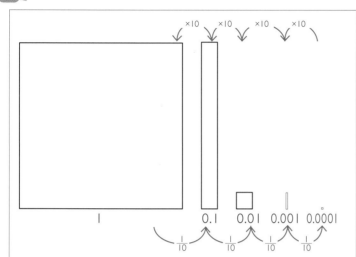

3

0.1 は 1 の $\frac{1}{10}$

0.01 は 1 の $\frac{1}{100}$

0.001 は 1 の $\frac{1}{1000}$

0.0001 は 1 の $\frac{1}{10000}$

0.1 が 10 個で 1,
0.01 が 100 個で 1
0.001 が 1000 個で 1
0.0001 が 10000 個で 1

4   1 億の大きさ   1 辺が 2km の正方形
ディズニーランド 8 個分の広さ

きあがっていることを体感できるようにします。

3 1 〜 0.0001 を比べてみよう

作ったものを A3 の紙に貼る。（黒板にも並べる）

T 作った 1, 0.1, 0.01 , 0.001 , 0.0001 を並べて大きさを比べてみましょう。

C どんどん小さくなっている。$\frac{1}{10}$ ずつ小さくなると，こんなに小さくなるんだね。

C 0.1 は 1 の $\frac{1}{10}$ ，

   0.01 は 1 の $\frac{1}{100}$ ，

   0.001 は 1 の $\frac{1}{1000}$ ，

   0.0001 は 1 の $\frac{1}{10000}$ になるね。

C 逆に考えると

   0.1 が 10 個で 1,

   0.01 が 100 個で 1,

   0.001 が 1000 個で 1,

   0.0001 が 10000 個集まると 1 ということだ。

4 0.0001 〜 1 億を比べよう

T では，この大きさ（20cm × 20cm）が 1 のとき 1 億はどのぐらいの大きさだと思いますか。

C えーっ，教室くらいかな。

C 運動場ぐらいにはなると思う。

   予想を出し合う。

T これ（20cm × 20cm）が 1 とすると，1 億は 1 辺が 2km の正方形になります。この広さは，東京ディズニーランドの約 8 個分の広さです。

   子どもたちが身近に感じられる広さを例えにして知らせる。

$\frac{1}{10}$ にしていくだけでなく，10 倍していくとどのくらいの大きさになるかを実物の広さを紹介しながら紹介していくと，十進数の仕組みがより実感をもって理解できる。

第1時

整数・小数の記数法

[本時の目標] 整数や小数はどちらも十進位取り記数法で表され，どんな数も０～９までの数字と小数点で表記できることを理解する。

板書例

チューリップの合計点数をくらべよう

[1]

㋐

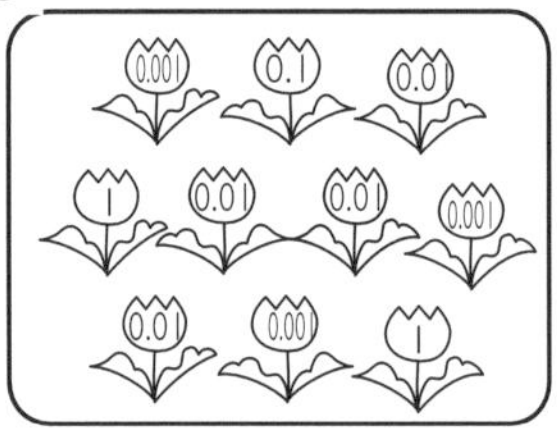

0.001
0.1
0.01
1
0.01
0.01
0.001
0.01
0.001
1

2.143 点

1　　　が 2 こ　2
0.1　　が 1 こ　0.1
0.01　が 4 こ　0.04
0.001 が 3 こ　0.003
合わせて　2.143

㋑

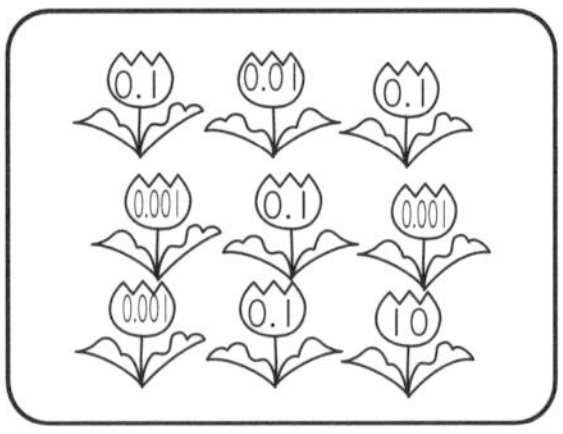

0.1
0.01
0.1
0.001
0.1
0.001
0.001
0.1
10

10.413 点

10　　× 1 = 10
1　　× 0 = 0
0.1　× 4 = 0.4
0.01　× 1 = 0.01
0.001 × 3 = 0.003
10.413

[2] 〈式にすると〉

㋐　1 × [2] + 0.1 × [1] + 0.01 × [4] + 0.001 × [3]

㋑　10 × [1] + 1 × [0] + 0.1 × [4] + 0.01 × [1] + 0.001 × [3]

[POINT] 位の違いでチューリップに色分けしてぬってみましょう。色ぬりの活動が小数や整数の仕組みの発見につながります。

1 ㋐と㋑の花壇ではどちらの方がチューリップの合計点数が大きいですか。

T　席の右側の人は㋐を，左側の人は㋑を求めましょう。

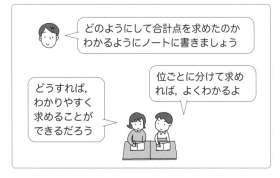

どのようにして合計点を求めたのか
わかるようにノートに書きましょう

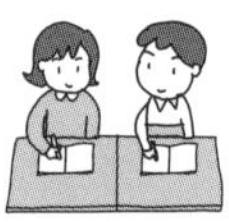

どうすれば，
わかりやすく
求めることが
できるだろう
位ごとに分けて求めれば，よくわかるよ

㋐と㋑の合計点を確かめる。

C　㋐は，2.143 です。

C　㋑は，10.413 です。

2 合計点数の求め方を説明しよう

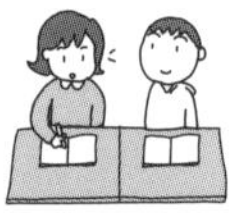

㋐を「1」「0.1」「0.01」「0.001」ごとに数を整理しました。
1 が 2 個で　2
0.1 が 1 個で　0.1
0.01 が 4 個で　0.04
0.001 が 3 個で　0.003　　合わせて 2.143

C　わたしは，㋑を 1 つの式にまとめてみました。

$10 \times 1 + 1 \times 0 + 0.1 \times 4 + 0.01 \times 1 + 0.001 \times 3 = 10.413$

| 準備物 | | | I C T | スライド機能などで 100 ～ 0.01 までの関係図（数は抜いたもの）を作って配信すると，それぞれの位の間の関係について整理してまとめやすくなる。 |

3

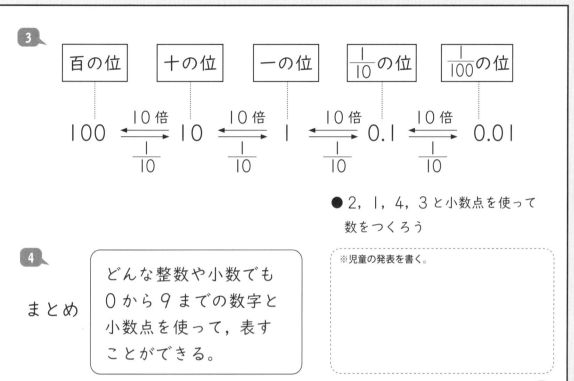

● 2，1，4，3 と小数点を使って数をつくろう

4

まとめ

どんな整数や小数でも 0 から 9 までの数字と小数点を使って，表すことができる。

※児童の発表を書く。

---

3 2.143 と 10.413 のそれぞれの数の位を確かめましょう

T　隣の位との間にはどんな関係がありますか。

C　その位の数が 10 集まると，ひとつ上の位に上がっていました。

C　10 等分するとひとつ下の位に移ります。

C　10 倍，または $\frac{1}{10}$ の関係があります。

　QR コードから「1 ～ 0.0001 の大きさ比べ」の動画を出して，10 倍，$\frac{1}{10}$ の関係を，実際の紙の大きさを比べて確かめる。

4 整数や小数のきまりをまとめよう

T　2.143 も 10.413 も 1 つの式で表すことができました。このように（板書で数字を□で囲む）

　整数や小数は，0 から 9 までの数字と小数点を使って表すことができます。

　4 つの数字『2，1，4，3』と小数点を使ってほかにどんな整数や小数ができますか。

数字の順番を入れ替えるとできます

小数点の位置を変えてもできるね

　学習のまとめをする。整数や小数では，数字のかかれた位置で位が決まることも伝える。
　ふりかえりシートが活用できる。

10 倍, 100 倍, 1000 倍

本時の目標

整数や小数を 10 倍, 100 倍, 1000 倍すると, 位はそれぞれ 1 けた, 2 けた, 3 けた, …と上がり, 小数点は右に 1 けた, 2 けた, 3 けた, …と移動することを理解する。

整数や小数を 10 倍, 100 倍, 1000 倍しよう

1 Aでは, 3.25t のじゃがいもがとれます。Aと比べて Bは10倍, Cは100倍, Dは1000倍の量がとれます。それぞれ何t のじゃがいもがとれますか。

板書例

式

A			3.25(t)
B	3.25 × 10	=	32.5(t)
C	3.25 × 100	=	325(t)
D	3.25 × 1000	=	3250(t)

→ きまりが あるかな？

2

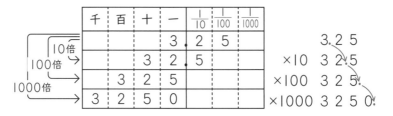

千	百	十	一	$\frac{1}{10}$	$\frac{1}{100}$	$\frac{1}{1000}$
			3.	2	5	
		3	2.	5		
	3	2	5			
3	2	5	0			

10倍, 100倍, 1000倍

```
      3.2 5
×10   3 2.5
×100  3 2 5.
×1000 3 2 5 0.
```

POINT 位取り表を使えば, 位が 1 桁ずつ上がる変化や小数点が右へ 1 つずつ移動することが見えやすくなります。

1 3.25 tの10倍, 100倍, 1000倍は何 t になるかな

T B, C, Dでは, それぞれAの 10 倍, 100 倍, 1000 倍の量がとれます。それぞれ何 t のじゃがいもがとれますか。

式を立てて答えを出しましょう。

10倍ということは, ×10だから Bは 3.25×10=32.5 (t)

Cの100倍は100をかける。 3.25×100=325 (t)

C D は 3.25 × 1000 = 3250 (t)

10 倍, 100 倍, 1000 倍を式に表すと, ○× 10, ○× 100, ○× 1000 であることを確かめておく。

2 10倍, 100倍, 1000倍した数を見て 気がついたことをグループで話し合おう

位を揃えて 並べてみると… 10 倍すると, 位が 1 つ 左に動いている

位が 1 けたずつ 上がっている

```
    3.2 5
    3 2.5
    3 2 5
    3 2 5 0
```

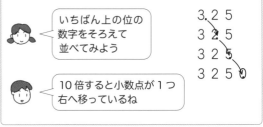

いちばん上の位の 数字をそろえて 並べてみよう

10 倍すると小数点が 1 つ 右へ移っているね

```
3.2 5
3 2.5
3 2 5
3 2 5 0
```

きまりが見つからないグループには, 位取り表にまとめてみるなどのヒントを出す。

3 〈10倍，100倍，1000倍してみよう〉

42.195	10倍	421.95
	100倍	4219.5
	1000倍	42195

4.5	10倍	45
	100倍	450
	1000倍	4500

0.2	10倍	2
	100倍	20
	1000倍	200

4 〈筆算をしてみる〉

10倍
$$\begin{array}{r} 3.25 \\ \times\ \ \ 10 \\ \hline 32.50 \end{array}$$

100倍
$$\begin{array}{r} 3.25 \\ \times\ \ 100 \\ \hline 325.00 \end{array}$$

1000倍
$$\begin{array}{r} 3.25 \\ \times\ 1000 \\ \hline 3250.00 \end{array}$$

まとめ

> 整数や小数を10倍，100倍，1000倍，…すると，位は1けた，2けた，3けた，…上がり，小数点は，それぞれ右へ1けた，2けた，3けた，…と移る。

→

---

3 10倍，100倍，1000倍のきまりを，ほかの数字でも確かめよう

42.195を10倍，100倍，1000倍した数を書きましょう

42.195を10倍すると

| 4 | 2 | 1 | 9 | 5 |
| 4 | 2 | 1 | 9 | 5 |

4.5の100倍は450（0を加える）や，0.2の10倍は2（0と小数点を消す）など，注意すべき点を確認しながら練習する。

操作が難しい子どもには，「位取り表」を使って考えられるよう準備しておく。

学習のまとめをする。

4 3.25 × 10，3.25 × 100，3.25 × 1000を，筆算でやってみよう

黒板で教師，または代表の子どもが筆算をして，3.25の変化を確かめる。

$$\begin{array}{r} 3.25 \\ \times\ \ 10 \\ \hline 32.50 \end{array} \rightarrow \begin{array}{r} 3.25 \\ \times\ 100 \\ \hline 325.00 \end{array} \rightarrow \begin{array}{r} 3.25 \\ \times\ 1000 \\ \hline 3250.00 \end{array}$$

筆算をすることによって，答えの位が上がる（左に数字が移動する，小数点が右に移動する）イメージがつきやすくなる。

ふりかえりシートが活用できる。

本時の目標

整数や小数を $\frac{1}{10}$，$\frac{1}{100}$，$\frac{1}{1000}$…にすると，位はそれぞれ 1 けた，2 けた，3 けた，…と下がり，小数点は左に 1 けた，2 けた，3 けた，…と移動することを理解する。

板書例

整数や小数を $\frac{1}{10}$，$\frac{1}{100}$，$\frac{1}{1000}$ にしよう

1

> タケノコマンの身長は129.3cmです。
>
> タケノコマンを $\frac{1}{10}$，$\frac{1}{100}$，$\frac{1}{1000}$ にしたら何cmですか。

予想
10倍，100倍，…すると小数点は右へ移動したので，$\frac{1}{10}$，$\frac{1}{100}$，…小数点は左へ移動する？

2

式

			129.3 （cm）
$\frac{1}{10}$	129.3 ÷ 10	=	12.93 （cm）
$\frac{1}{100}$	129.3 ÷ 100	=	1.293 （cm）
$\frac{1}{1000}$	129.3 ÷ 1000	=	0.1293 （cm）

→ きまりを見つけよう

POINT $\frac{1}{10}$，$\frac{1}{100}$，$\frac{1}{1000}$ にした大きさがどのくらいになるのか，タケノコマンのイラストを使って実感できるようにしましょう。

1 129.3cmの $\frac{1}{10}$，$\frac{1}{100}$，$\frac{1}{1000}$ は何cmですか

T どんな計算になるか，予想してみよう。
C 10倍，100倍すると，小数点が右へ移動したから，その反対になりそうだ。

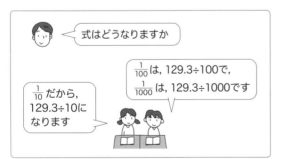

式はどうなりますか

$\frac{1}{100}$ は，129.3÷100で，$\frac{1}{1000}$ は，129.3÷1000です

$\frac{1}{10}$ だから，129.3÷10になります

$\frac{1}{10}$，$\frac{1}{100}$，$\frac{1}{1000}$ を式に表すと，それぞれ ○÷10，○÷100，○÷1000 であることを確かめておく。

2 $\frac{1}{10}$，$\frac{1}{100}$，$\frac{1}{1000}$ にしたときの，数のきまりをみつけよう

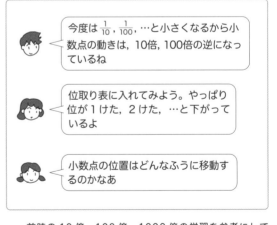

今度は $\frac{1}{10}$，$\frac{1}{100}$，…と小さくなるから小数点の動きは，10倍，100倍の逆になっているね

位取り表に入れてみよう。やっぱり位が 1 けた，2 けた，…と下がっているよ

小数点の位置はどんなふうに移動するのかなあ

前時の 10 倍，100 倍，1000 倍の学習を参考にして，同じ方法で調べられることを伝える。

3

百	十	一			
1	2	9	.	3	
	1	2	9	3	
		1	.	2	9	3
		0	.	1	2	9	3

$\frac{1}{10}$　$\frac{1}{100}$　$\frac{1}{1000}$

129.3
12.93
1.293
0.1293

129.3cm

タケノコマン

$\frac{1}{10}$

12.93cm　$\frac{1}{100}$

1.293cm　$\frac{1}{1000}$

0.1293cm

まとめ

整数や小数を $\frac{1}{10}$，$\frac{1}{100}$，$\frac{1}{1000}$，…にすると，位は１けた，２けた，３けた，…と下がり，小数点は左へそれぞれ１けた，２けた，３けた，…と移る。

4 練習　$\frac{1}{10}$，$\frac{1}{100}$，$\frac{1}{1000}$　にした数を書きましょう。

① 3.2　$\frac{1}{10}$ 0.32　$\frac{1}{100}$ 0.032　$\frac{1}{1000}$ 0.0032

② 2　$\frac{1}{10}$ 0.2　$\frac{1}{100}$ 0.02　$\frac{1}{1000}$ 0.002

---

3 見つけたきまりを発表しよう

小数点の位置は…

129.3
12.93
1.293

T　整数や小数を $\frac{1}{10}$，$\frac{1}{100}$…にすると，位はそれぞれ１けた，２けた，…と下がり，小数点は左へ１けた，２けた，…と移動します。

C　$\frac{1}{10}$ は 12.93㎝，$\frac{1}{100}$ は 1.293㎝です。

C　$\frac{1}{1000}$ だと 0.1293㎝！ 1mm ちょっとだ！

学習のまとめをする。

4 いろいろな数字を $\frac{1}{10}$，$\frac{1}{100}$，$\frac{1}{1000}$ にしてみよう

練習問題をする。

次の数を $\frac{1}{10}$，$\frac{1}{100}$，$\frac{1}{1000}$ にした数を書きましょう。

① 3.2　② 2

3.2 を $\frac{1}{10}$，$\frac{1}{100}$，にすると 0.32，0.032 のように 0 を加える必要がある場合や，2 を $\frac{1}{10}$ すると 0.2 のように 0 と小数点を加える必要がある場合など注意すべき点を確認しながら進める。

十進位取り記数法（「10 ずつまとまるごとに，１つ上の位に上げていく」「数字を並べてかいたとき，その位置によって大きさを表す」）のきまりを基に整数や小数が表されていることをその都度意識させていくことが大切。

ふりかえりシートが活用できる。

直方体や立方体の体積

◎ 学習にあたって ◎

＜この単元で大切にしたいこと＞

　　体積も，面積と同じように重ねて比べることから導入し，普遍単位 1cm³ の必要性や便利さが感じられるようにします。面積が 1 辺 1 ㎝の正方形を単位として数値化されたように，体積は 1 辺が 1 ㎝の立方体で数値化されることを学習します。

　　$1\,m^3 = 1000000cm^3$　　$1\,L = 1000cm^3$　　$1\,mL = 1\,cm^3$ などの単位の関係も押さえておきます。

＜数学的見方考え方と操作活動＞

　　$1\,cm^3$ のブロックを操作しながら，直方体や立方体を作り，直方体の体積が縦，横，高さで求められることを実感し，体積を求める公式を子どもたちが導き出すことができるようにします。

＜個別最適な学び・協働的な学びのために＞

　　複合図形の体積を求める学習では，模型の箱を手元に置き，観察しながら，公式を活用して多様な考え方で解決できるようにします。

　　具体物があると説明もしやすく，話し合いもスムーズに進みます。

◎ 評　価 ◎

知識および技能	体積の意味や単位を知り，公式を使って体積を求めることができる。
思考力，判断力，表現力等	直方体や立方体の体積の求め方を，既習の内容をもとに考える。 体積の単位とこれまで学習した単位との関係を考える。
主体的に学習に取り組む態度	体積の意味や単位について知り，立体の体積を求めようとする。

時	題	目　標
1	箱の大きさ比べ	もののかさを比べる方法を考え，1辺1cmの立方体が入る個数で比べられることがわかる。
2	体積の普遍単位（cm³）で表す	体積を表す単位「立方センチメートル（cm³）」について理解する。
3	体積の公式	直方体や立方体の体積を，公式を用いて求めることができる。
4	複合図形の体積	複合図形の体積の求め方を，多様な考え方で求めることができる。
5	大きな体積の単位（m³）	m^3 の単位を知り，直方体の体積を m^3 で表したり，$1m^3 = 1000000cm^3$ であることがわかる。
6	大きな体積を求める	公式をあてはめて，m^3 の単位の体積を求めることができる。
7	容積	体積と容積の関係や，容積の意味，その求め方について理解する。
8	水のかさと体積	$1L = 1000cm^3$ や$1mL = 1cm^3$ の関係といった水のかさと体積の関係を，ますやブロックと対応させながら理解する。
9	体積の測り方	ものの体積を水の体積に置き換えられることを理解し，不定形のものを水の中へ入れて，体積を求めることができる。

箱の大きさ比べ

板書例

箱の大きさをくらべよう

1 〈いちばん大きな箱はどれだろう〉

ア　　　　　　　　イ　　　　　　　ウ

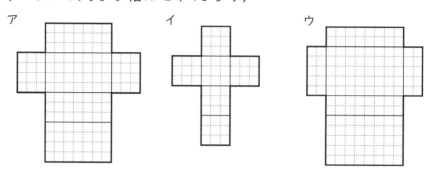

2 〈片方の箱に入れて比べてみよう〉

ア＞イ　　　ウ＞イ　　　イがいちばん小さい。

アとウでは，アの方が高さが高い。
ウの方が底の面積が広い。

どうやって
比べる？

POINT　すべての子どもが自分の作った直方体や立方体を持って大きさ比べの活動をします。見るだけでなく自分の手で操作する

1 展開図から作った3つの箱で，どれがいちばん大きくなると思いますか

直方体と立方体の展開図を印刷した用紙を配る。

C　イがいちばん小さいのはわかります。
C　アとウは…ウの方が底の面積は広そうだけど…。
T　では，展開図を切り取って，セロハンテープで留めていきましょう。ふたはしめないでおきます。

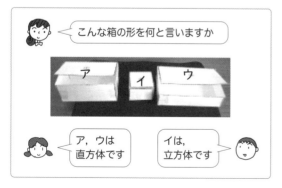

こんな箱の形を何と言いますか

ア，ウは
直方体です

イは，
立方体です

C　アとウは，どうやったら比べられるかな。

2 箱を直接重ねて大きさを比べてみよう

T　作った3つの箱を使って大きさを比べてみましょう。
C　イをウの箱の中に入れたら，イは高くてはみ出すけど，いちばん小さいのはイで決まりだ。
C　次は，アとウの直方体を比べてみよう。

アは，ウの箱の中に入るけど，ウより高くてはみ出してしまうな

ウの方がアより底の面積は広いけど高さは低いから，どちらが大きいかがわからないな

大きな箱の中に小さな箱を入れて体積を比べる。（直接比較）直接比較で比べられなかったことで次の方法を考えていく。

3 〈アとウの比べ方を考えよう〉

面積では…　

1辺1cmの正方形が
いくつ入るかで比べる

かさでは…　

1辺1cmの立方体が
いくつ入るかで比べる

4 〈箱の大きさの順番〉

　　ア　84個　…1番　　イ　27個　…3番　　ウ　80個　…2番

まとめ

> 1辺が1cmの立方体ブロックが入る個数で，
> 直方体や立方体の大きさを比べることができる。

ことでいろいろな気づきも生まれます。

3　アとウのかさの比べ方を考えよう

C　中に消しゴムか何か，同じものを入れてその数を
　比べたらいいね。

C　面積のときに，1辺が1cmの正方形が何個あるか
　で比べたようにね。

> イの箱をもっと小さくすれば，アやウにうまく入りそうだよ

> 1辺が1cmの立方体を使ったら，その数で比べられそう

T　ここに1辺が1cmの立方体があります。これを
　使って実際に比べてみましょう。

　　1辺が1cmの立方体のブロックを提示する。

4　1辺が1cmの立方体が何個入るかで比べよう

　各グループに100個程度のブロックを用意する。

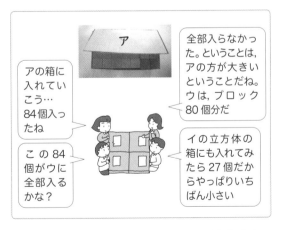

> 全部入らなかった。ということは，アの方が大きいということだね。ウは，ブロック80個分だ

> アの箱に入れていこう…84個入ったね

> この84個がウに全部入るかな？

> イの立方体の箱にも入れてみたら27個だからやっぱりいちばん小さい

T　1辺1cmのブロックを使うと，それが何個分入る
　かで直方体や立方体の大きさが比べられることがわ
　かりましたね。

　　学習のまとめをする。
　　ふりかえりシートが活用できる。

体積の普遍単位 (cm³) で表す

板書例

体積の単位で表そう

1 〈面積の単位〉

|cm²
|平方センチメートル

〈体積の単位〉

|cm³
|立方センチメートル

2 ア

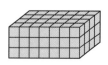

|cm³のブロック
84こ→84cm³

イ

|cm³のブロック
27こ→27cm³

ウ

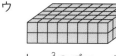

|cm³のブロック
80こ→80cm³

POINT 　教科書では見取図を見て体積を求めますが，本書では直方体や立方体の中に 1cm³ を実際に入れて，体積を表します。

1 体積を表す単位について学習しよう

T　面積を表す単位にcm²がありました。では，前の時間に箱の大きさを比べるとき，何を使って比べましたか。

C　1辺が1cmの立方体のブロックを使いました。

> 1cm²は，縦1cm，横1cmでcmが2つだからcm²と書きました。では，縦，横，高さそれぞれが1cmの立方体の単位はどう書くと思いますか

> 縦，横，高さとcmが3つだからcm³と書くんじゃないかな

T　直方体や立方体など，もののかさのことを体積といいます。1辺が1cmの立方体の体積を1cm³と書き，1立方センチメートルといいます。

C　面積も体積の単位も，1cmの長さがもとになっている。

2 直方体と立方体の体積を cm³ で表してみよう

T　前の時間に作った直方体と立方体の3つの箱に1cm³のブロックがそれぞれ何個入りましたか。

C　アは84個，イは27個，ウは80個でした。

T　ア～ウの直方体や立方体の体積を cm³ で表してみましょう。

> アは，1cm³が84個分だから84cm³です

> イは，1cm³が27個分だから27cm³

> ウは，80個分で80cm³だ

T　cm³ の書き方も練習しておきましょう。

<table>
<tr><td>準備物</td><td>・1cm³ブロック
・前時に作った箱
QR ふりかえりシート</td></tr>
</table>

ICT ふりかえりシートのデータを配信し，子どもたちが考えを記入したものを，共有機能を使って全体共有すると，対話的に基礎的内容を確認し合うことができる。

3 〈体積を求めよう〉

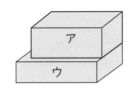

アとウの体積を合わせる
$84 + 80 = 164$　　164cm³

アとウの体積のちがいは
$84 - 80 = 4$　　　4cm³

4 〈12cm³ を作ろう〉

〈問題 — 何 cm³ でしょうか〉

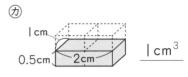

ⓚ 1cm³

ⓚ 1cm³

まとめ
ものの大きさやかさのことを体積という。
体積は cm³（立方センチメートル）を使って表すことができる。

---

3 合わせたら何 cm³ でしょうか

T　ウの直方体の上にアの直方体をのせました。この体積は何 cm³ でしょう。

- 2つ合わせた体積を求めたらいいな
- たし算をすれば求められるよ
- 84cm³ + 80cm³ = 164cm³　164cm³

T　アとウの体積のちがいは何cm³でしょう。
C　$84cm³ - 80cm³ = 4cm³$　　4cm³ です。

体積もたし算（加法）やひき算（減法）ができることを押さえておく。1cm³ のブロックをしきつめて体積を表せるのも，加法性が成り立つから。

4 体積が 12cm³ の直方体をつくってみよう

各グループに 100 個程度の 1cm³ ブロックを用意する。
直方体や立方体にこだわらず，様々な形が作れるよう教師が見本を見せる。

- どんな形でも，12 個のブロックで作ったらいいね
- 直方体だけでもいくつかできそうだ

ⓚ，ⓚのような形の体積についても触れておく。

学習のまとめをする。

ふりかえりシートが活用できる。

直方体や立方体の体積の求め方を考えよう

1 〈直方体の体積を求めよう〉　**2**

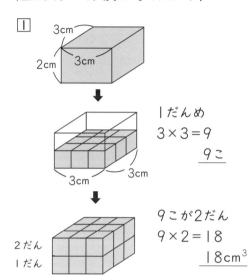

1だんめ
3×3＝9
　　9こ

9こが2だん
9×2＝18
　　18cm³

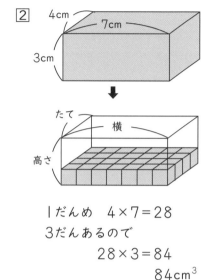

1だんめ　4×7＝28
3だんあるので
　　28×3＝84
　　　　84cm³

(POINT) 最初は 1cm³ のブロックを積んで求め，次には 1 段だけ並べて高さを考えて求め，最後には数字だけを見てブロック

---

1 縦3cm，横3cm，高さ2cmの直方体の体積を求めましょう

T　ワークシートの 3cm × 3cm の枠に合わせて，1cm³ のブロックをおいて直方体を作ってみましょう。

縦に 3 個，横に 3 個だから，1 段目は 9 個並ぶね

高さ 2 ㎝だから，もう 1 段ブロックを積むね。2 段目もブロックが 9 個並びます

C　1cm³ のブロックが全部で 18 個だね。
C　この直方体の体積は 18cm³ になります。

2 縦4cm，横7cm，高さ3cmの直方体の体積を求めましょう

1cm³ のブロックをワークシートの枠の中に 1 段だけ並べて個数を求めます。
C　縦に 4 個，横に 7 個ブロックを並べるから，1 段目のブロックの数は 28 個だね。

この直方体を作るには，何段目まで積み，ブロックは全部で何個になりますか

3cmだから 3 段目までです

28 個が 3 段だから，全部の数は 28×3 で求められる

C　28 × 3 ＝ 84　ブロックが 84 個あるから，この直方体の体積は 84cm³ になります。

3

③

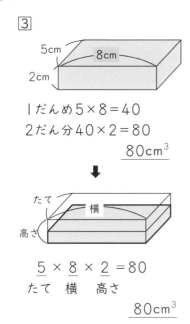

Ⅰだんめ5×8＝40
2だん分40×2＝80
＿＿＿＿80cm³

5 × 8 × 2 ＝80
たて　横　高さ
＿＿＿＿80cm³

4 〈立方体の体積を求めよう〉

④

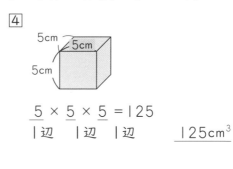

5 × 5 × 5 ＝125
Ⅰ辺　Ⅰ辺　Ⅰ辺　　　125cm³

まとめ

> 直方体の体積　たて×横×高さ
> 立方体の体積＝Ⅰ辺×Ⅰ辺×Ⅰ辺

を思い浮かべて求めます。段階をふむことで，子どもたち自身で公式を考え出せるようにします。

3 縦5cm，横8cm，高さ2cmの直方体の体積を求めましょう

> ブロックを1段並べてみたとすると…縦5個，横8個で5×8＝40　40個。

> それが2段あるから，40×2で全部で80個

T　今求めた方法を，1つの式に表すとどうなりますか。

C　まず，縦×横で5×8，それに高さの2をかけるから5×8×2になります。

C　言葉の式で表すと，「縦×横×高さ」になるね

　　話し合いによって直方体の体積の公式へ導く。

4 1辺が5cmの立方体の体積を求めましょう

> 立方体は，縦も横も高さも同じ長さだね

> 5×5×5 ＝ 125　125cm³になります。

> 直方体は「縦×横×高さ」だから，立方体は「1辺×1辺×1辺」の公式になるね

教科書の練習問題をする。

学習のまとめをする。

ふりかえりシートが活用できる。

本時の目標　複合図形の体積を，多様な考え方で求めることができる。

板書例

工夫して体積を求めよう

1

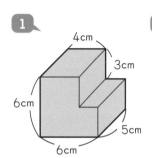

2

(A)

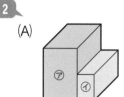

㋐　$5 \times 4 \times 6 = 120$
㋑　$5 \times (6-4) \times (6-3) = 30$
　　$120 + 30 = 150$
　　　　　　　　$150 \mathrm{cm}^3$

(B)

㋒　$5 \times 4 \times 3 = 60$
㋓　$5 \times 6 \times (6-3) = 90$
　　$60 + 90 = 150$
　　　　　　　　$150 \mathrm{cm}^3$

(C)

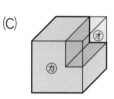

㋔　$5 \times 6 \times 6 = 180$
㋕　$5 \times (6-4) \times 3 = 30$
　　$180 - 30 = 150$
　　　　　　　　$150 \mathrm{cm}^3$

(POINT) 各自が自由な発想で，様々な方法で解けるようになるといいです。また，解き方をみんなにわかるように説明し合うことで

1　複合図形の体積を工夫して求めましょう

C　2つの直方体が合わさっている図形だね。

C　体積が求められる形に分けたり，変えたりして求めたらいいね。

C　面積のときもたしたりひいたりしていろいろ工夫して求めたね。

　複合図形の面積を求めるときにどのように考えたかをふりかえり，解決の見通しが持てるようにする。

> 2つの直方体に分けて体積を求めてみよう

> 1つの直方体として考えて，後からいらない部分をひいて求めてみよう

　どの子も解決できるように立体模型やヒントも用意し，時間も十分にとる。

2　求めた方法を紹介し合いましょう

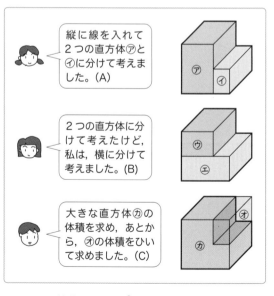

> 縦に線を入れて2つの直方体㋐と㋑に分けて考えました。(A)

> 2つの直方体に分けて考えたけど，私は，横に分けて考えました。(B)

> 大きな直方体㋔の体積を求め，あとから，㋕の体積をひいて求めました。(C)

C　みんな体積は $150 \mathrm{cm}^3$ になったよ。ほかの求め方もあるのかな。

準備物	・求める立体の模型 [QR] 板書用図 [QR] 動画「工夫して体積を求めよう」 [QR] ふりかえりシート

ICT	スライド機能等を使って問題となる図を作って配信すると，子どもは課題解決に向けた考え方の工夫をまとめやすく，共有機能を使って全体共有もしやすくなる。

3

(D)

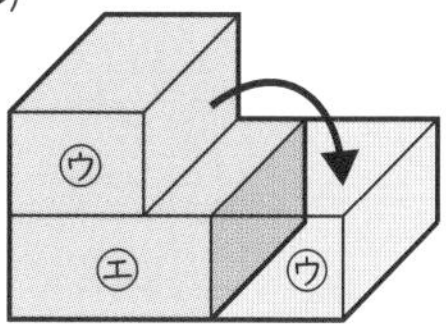

$5\times(6+4)\times(6-3)=150$

150cm³

(E)

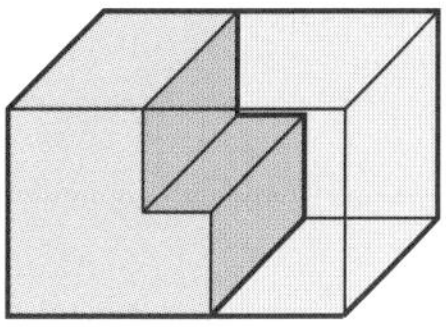

$5\times(6+4)\times6\div2=150$

150cm³

4

まとめ

工夫するといろいろな求め方ができる。どの方法で計算しても体積は等しい。

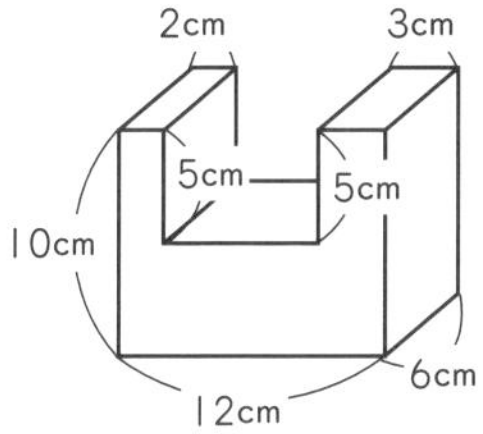

れい

$6\times12\times10=720$

$6\times(12-2-3)\times5=210$

$720-210=510$

510cm³

理解や考え方を深めることになります。

3 立体の一部を移動させたり，立体を2つを合わせたりする考えを紹介しましょう

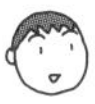

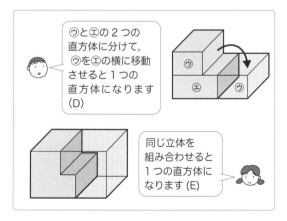

㋒と㋓の２つの直方体に分けて，㋒を㋓の横に移動させると１つの直方体になります(D)

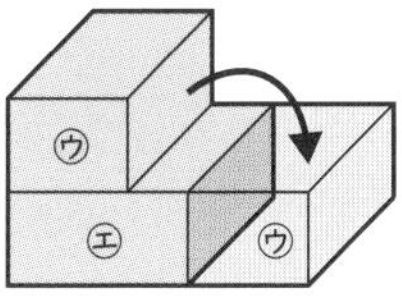

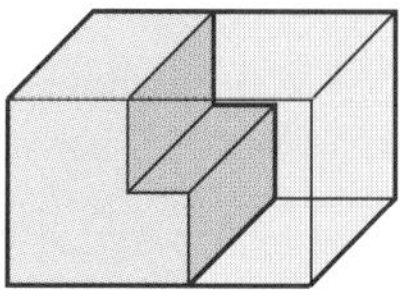

同じ立体を組み合わせると１つの直方体になります (E)

特殊な形のため，たくさんの方法が見つけられる。

図形を２つに分ける，移動させてつなげる，同じ図形を逆さにして合わせるなどの方法は，模型を使って考えられるようにしたい。

学習のまとめをする。

4 他の複合図形にも挑戦して，求め方を自分のノートにまとめましょう

いくつかの解き方があるが，どの方法で解くか，納得できる，その子に合った方法で解けばよいことを伝える。

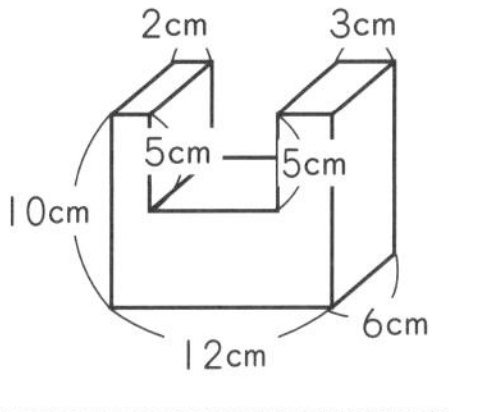

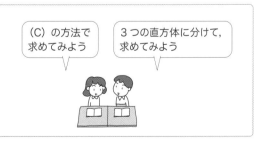

(C) の方法で求めてみよう

３つの直方体に分けて，求めてみよう

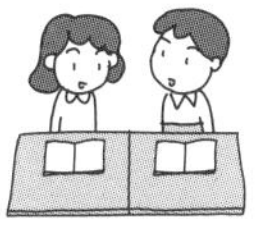

ふりかえりシートが活用できる。

第 **5** 時
大きな体積の単位（m³）

本時の目標：m³ の単位を知り，直方体の体積を m³ で表したり，1m³ ＝ 1000000cm³ であることがわかったりする。

板書例

大きな直方体や立方体の体積

1 〈体積を求めよう〉

1辺が1mの立方体の体積を立方メートルといい，1m³ と書きます。

A

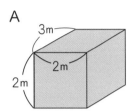

たて×横×高さ
$$300 \times 200 \times 200 = 12000000 \ (cm^3)$$

2

たて×横×高さ
$$3 \times 2 \times 2 = 12 \qquad \underline{12m^3}$$

POINT 1m³ の大きさがどのくらいなのか，学校の教材備品か 1m の長さの角材を使って作るなど，体感できるようにしましょう。

---

1 大きな体積の単位を知ろう

C Aの体積を 1cm³ で考えると数字が大きくなるね。

C 300 × 200 × 200 で 12000000cm³ となる。

C こんなとき，面積なら m² という単位があったね。

T 大きなものの体積を表すには，1 辺が 1m の立方体の体積を単位にします。

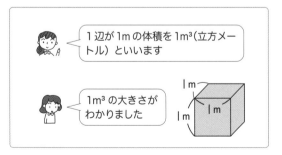

1辺が1mの体積を1m³（立方メートル）といいます

1m³ の大きさがわかりました

学校の教材備品 1m³ を組み立てて提示する。教材備品にない場合は，1m の角材 12 本で作る。実際に見る，体験することが大切。

2 大きな直方体の体積を求めよう

T m³ という単位を使って，Aの体積を求めてみましょう。

C 1m³ が何個あればAの直方体になるのか考えればいいね。

Aには1m³ が12個入るから12m³ です

直方体だから，縦×横×高さの公式を使って求められるよ

C 公式を使うと，3 × 2 × 2 ＝ 12　答えは 12m³ となります。

C 公式を使うと簡単に求められるから，便利だね。

3 〈1m³＝何cm³？〉

長さ　　1m　＝100cm
面積　　1m²＝10000cm²

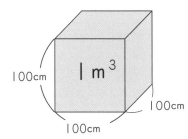

体積
たて×　横　× 高さ
100cm×100cm×100cm＝1000000cm³

1m³　＝　1000000cm³

まとめ

> 大きな体積は m³ を使って
> 表すことができる。
> 1m³ ＝ 1000000cm³

4 〈体積を求めよう〉

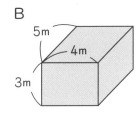
B

式
5 ×4×3＝60
60m³
60000000cm³

---

3 1m³に1cm³のブロックは何個入るでしょうか

C　1m は 100cm だから 100 個かな？

C　100 個では少なすぎる。

C　面積の1m² は，100cm × 100cm ＝ 10000cm³ だよ。

C　体積は縦×横×高さだから，100 を 3 つかけることになるね。

> 面積は 1m が
> 2 つの辺だから，
> 100×100 で，
> 体積は 1m が
> 3 つの辺だから，
> 100×100×100
> になるね

> 1m³ は
> 100cm×100cm×100cm
> ＝ 1000000cm³
> になります

学習のまとめをする。

4 Bの直方体の体積を求めよう

C　5m × 4m × 3m ＝ 60m³

C　答えは 60m³ です。

T　答えを cm³ でも表してみましょう。

> cm に直して，
> 計算しよう。
> 500×400×300
> ＝ 60000000

> 1m³ ＝ 1000000cm³
> だから，
> 60m³ ＝ 60000000cm³
> と考えた方が楽だよ

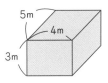

ふりかえりシートが活用できる。

第 **6** 時
大きな体積を求める

本時の目標｜公式をあてはめて，m³単位の体積を求めることができる。

板書例

大きな体積の単位 m³ を使って求めよう

1 〈A 直方体〉

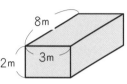

たて×横×高さ
$8m × 3m × 2m = 48m^3$ 　　$48m^3$

〈B 立方体〉1辺が3m

1辺×1辺×1辺
$3m × 3m × 3m = 27m^3$ 　　$27m^3$

2 C

〈m を単位にして〉

$50cm = 0.5m$

式

$0.5m × 2m × 3m = 3m^3$

　　$3m^3$

POINT この時間の学習も，子どもたちが多様な考え方を出し合い，認め合えるようにしましょう。

---

1 A直方体やB立方体の体積を求めよう

T 体積を求める公式を言いましょう。
C 直方体は「縦×横×高さ」です。
C 立方体は「1辺×1辺×1辺」です。
T 公式を活用して，A, Bの体積を求めましょう。

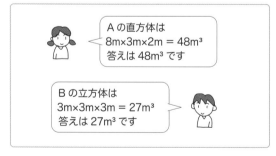

A の直方体は
8m×3m×2m = 48m³
答えは48m³ です

B の立方体は
3m×3m×3m = 27m³
答えは27m³ です

単位が m³ であっても，体積を求める公式が活用できることを確認する。

2 Cの直方体の体積を求めよう

個人で解決する時間をしっかりとる。

T mの単位に揃えて答えを求めた人に発表してもらいましょう。

50cm = 0.5m として，
単位をそろえます

0.5m×2m×3m = 3m³
答えは3m³ です

単位をそろえることを強調する。
教科書によっては，「×小数」は未習のため，4年生で既習の「小数×整数」となるようにしている。

36

| 準備物 | 📱板書用図
・立体模型 (小さくていい)
📱ふりかえりシート | ICT | 子どもたちが体積の求め方の工夫をノートにかいたものを写真撮影し，共有機能を使って全体共有すると，対話的に計算の工夫について迫っていくことができる。 | |

3

〈cm を単位にして〉

2m = 200cm
3m = 300cm

式

50cm × 200cm × 300cm = 3000000cm³

(1000000cm³ = 1m³)
3000000cm³ = 3m³

3m³

まとめ
・単位が m³ でも公式にあてはめて求められる。
・必ず単位をそろえる。

4

〈工夫して体積を求めよう〉

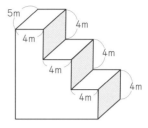

(れい 1)
5m × 8m × 12m = 480m³

(れい 2)
5m × 4m × 4m = 80m³
80m³ × 6 = 480m³

---

3 もう一つの解決方法を聞いて話し合おう

T　cmの単位に揃えて答えを求めた人に発表してもらいましょう。

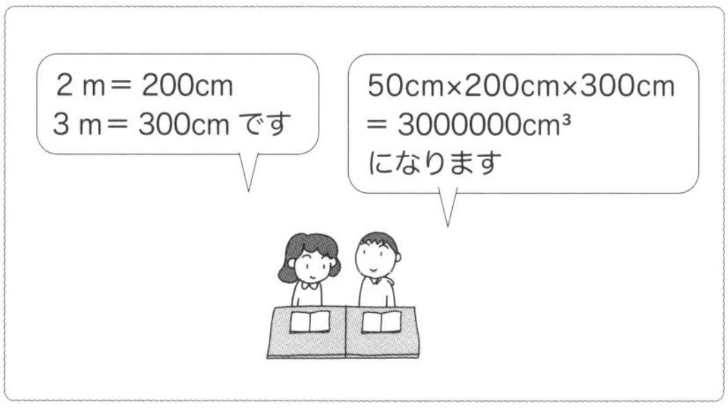

> 2 m= 200cm
> 3 m= 300cm です

> 50cm×200cm×300cm
> = 3000000cm³
> になります

C　1000000cm³ = 1m³ だから，3000000cm³ = 3m³ です。

C　単位をそろえて計算しないといけないね。

　　単位をそろえて計算することがよく見えるように，式に単位を書いておくようにする。

　　学習のまとめをする。

4 工夫してDの体積を求めよう

C　右の図のように立体を分けて動かし，直方体にして求めよう。

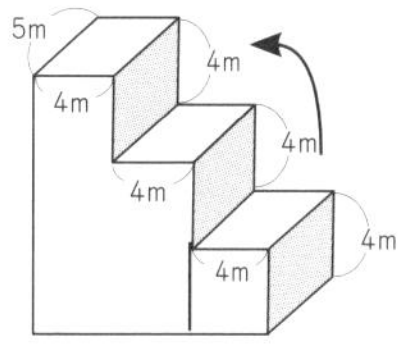

C　5 × (4 × 2) × (4 × 3)
　　= 480 (m³)

T　動かして直方体にしたのはいい考え方ですね。他の考えもありますか。

> 5m×4m×4m = 80m³ の
> 直方体が 6 個あると
> 考えられるよね

> そうだね。
> 80m³×6 = 480m³
> となるね

ふりかえりシートが活用できる。

板書例

おふろに入る水の体積を調べよう

1

155cm
140cm
80cm　70cm　50cm　45cm

内がわの長さ

2

体積 … おふろ（入れ物）の大きさ

$$80×155×50＝620000$$

$$620000cm^3（0.62m^3）$$

その立体の大きさ

〈直方体とみて〉

たて× 横 × 高さ
$$70×140　×45＝441000$$

$$441000cm^3（0.441m^3）$$
↓

容積 … おふろ（入れ物）に入れることのできる大きさ

まとめ

入れ物の中いっぱいに入る水などの体積をその入れ物の容積といいます。

POINT　容積の意味と，体積との関係を動画「内のりを理解しよう」を見ることで明確にしましょう。

1 お風呂に入る水の体積を求めてみましょう

水が入る内側の長さで計算すればいいね

形は少し違うけど直方体とみたらいいかな

水が満杯に入った量で考えよう

縦が70cm，横が140cm，高さが45cm

C　70 × 140 × 45 = 441000　441000cm³ です。

C　m³ で表すと 0.441m³ になる。

C　1m³ 以上あると思っていた。

水が入る内側の長さを使うことを確認しておく。

2 体積と容積の違いを理解しよう

T　お風呂のように入れ物の中いっぱいに入る水などの体積を，その入れ物の容積といいます。

「体積」…そのものの大きさで，その立体の大きさのこと
「容積」…入れ物の中に入れることのできる大きさのこと

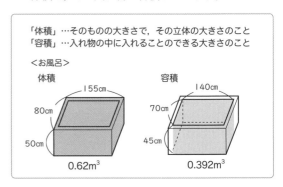

<お風呂>
体積　　　　　　　容積
155cm　　　　　　140cm
80cm　　　　　　　70cm
50cm　　　　　　　45cm
0.62m³　　　　　0.392m³

C　入れ物に入る量を体積で表したのが容積だね。

動画「内のりを理解しよう」が活用できる。
学習のまとめをする。

3　〈容積を表しているもの〉
- 冷ぞうこ　300 L
- スーツケース　62 L
- 灯油タンク
- 電子レンジ
- 洗たく機

4　〈内のりを考えて容積を求めよう〉

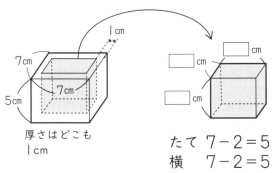

「内のり」
入れ物の内がわの
長さのことという

厚さはどこも
1cm

たて　7−2＝5
横　　7−2＝5
高さ　5−1＝4

5×5×4＝100　　　100cm³

---

3 冷蔵庫の表示を見てみましょう

C　300L や 500L と書いてある。

T　これは冷蔵庫の中に入る量，容積を表しています。
　ほかにも身のまわりで容積を表しているものを探し
　てみましょう。

　容積（容量）が記載されているものの画像を教師が準備し
　ておき，児童に紹介できるとよいでしょう。（スーツケース，
　段ボール，灯油タンク，洗濯機，電子レンジ等）

やっぱりどれも入れ物で，
中に何か入れるものなん
だね

水を入れないもので
も，容積を L で表す
んだね

4 内のりを考えて，入れ物の容積を求めよう

T　厚さ 1cm の板で作ってある入れ物です。内のり
　（内側の長さ）を使って容積を求めましょう。

板の厚さをひいて
内側の長さを求める
ところから始めよう

横と縦はどちらも
7cm−2cm ＝ 5cm
高さは 5cm−1cm ＝ 4cm
になるね

C　容積は 5 × 5 × 4 ＝ 100 で 100cm³ になります。

　ふりかえりシートが活用できる。

板書例

水のかさと体積を調べよう

1 〈水 1 L の体積〉

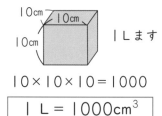

1 L ます

$10 \times 10 \times 10 = 1000$

$$1 L = 1000cm^3$$

2 〈水 1 mL の体積〉

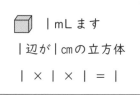

1 mL ます

1 辺が 1cm の立方体

$1 \times 1 \times 1 = 1$

$$1 mL = 1cm^3$$

水のかさ	計算	体積

・1 mL $\underset{(cm)}{1} \times \underset{(cm)}{1} \times \underset{(cm)}{1} = 1$ (cm³)

・1 cL $\underset{(cm)}{1} \times \underset{(cm)}{1} \times \underset{(cm)}{10} = 10$ (cm³)

・1 dL $\underset{(cm)}{1} \times \underset{(cm)}{10} \times \underset{(cm)}{10} = 100$ (cm³)

・1 L $\underset{(cm)}{10} \times \underset{(cm)}{10} \times \underset{(cm)}{10} = 1000$ (cm³)

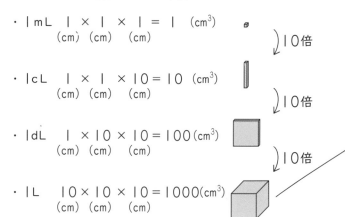

10倍 10倍 10倍

POINT　1mL や 1L そして 1kL（1m³）を目で見て操作することで，子どもたちの理解は深まります。

1 水1Lの体積は何cm³でしょうか

まず円柱形の 1L ますに入れた水を見せる。

この形では，体積は求められないから立方体の 1L ますに入れ替えます

立方体なら公式が使えるからね

1 辺が 10cm の立方体だよ

C　公式にあてはめると 10cm × 10cm × 10cm ＝ 1000cm³ ですね。

　ますやブロックは，学校教材備品として「ヒシエス成文堂」などで販売されている。画像「ますとブロックの見本」を参照。

2 水1mLの体積は何cm³ですか

T　1L は何 mL でしたか。

C　1L ＝ 1000mL でした。ということは，1mL ＝ 1cm³ かな。

1mL ますは，1 辺が 1cm の立方体だよ

1×1×1 ＝ 1 やっぱり 1cm³ だね

　次に，1cL（10mL）ます，1dL（100mL）ますに入る水の体積を，ますの縦の長さ，横の長さ，高さを確認しながら計算で求めていき，水のかさと体積の関係をまとめる。それぞれのますと木のブロックを対応して提示する。

　1cL は，1dL を 10 等分した 1 つ分であり，ヨーロッパなどでは普通に使われている単位。

| 準備物 | ・ます（1mL，1cL，1dL，1L）とブロック
QR 画像「ますとブロックの見本」
QR 板書用図
QR ふりかえりシート |

| I
C
T | 表計算機能を使って辺の長さと体積，量を整理できる表を作って配信すると，子どもたちは表にそれらの関係を整理しやすく，関係性を捉えやすくなる。 |

3 〈1m³ に入る水の量〉

1m（100cm）
1m（100cm）
1m（100cm）

$$100 \times 100 \times 100 = 1000000 \ (cm^3)$$
(cm)　(cm)　(cm)

1000倍

$$1m^3 = 1000L\ (1kL)$$

4 〈水のかさと体積の関係〉

立方体の1辺の長さ	100cm		10cm		1cm
		←10倍		←10倍	
体積	1000000cm³	1m³ ←1000倍	1000cm³	←1000倍	1cm³
かさ	1000000mL 1000L 1kL	←1000倍	1000mL 1L	←1000倍	1mL

---

3 1m³に入る水の量は何Lでしょうか

C　10L ではないと思うな。100L ですか。

T　1m³ に 1L ますが，何個入るかを考えてみましょう。

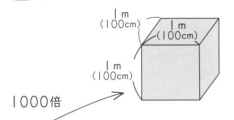

1m³は1辺が100cmの立方体だよね。
1Lは1辺が10cmだから，縦に10個横に10個入るね

それが，高さの方向にも 10 個入るよ。

10×10×10 = 1000 だから，1000L だね

C　1L = 1000cm³，そして 1m³ = 1000000cm³ でしょう。1000000cm³ は 1000cm³ の 1000 倍だから 1000L とも考えられるね。

T　1m³ に入る水の量は 1000L で 1kL とも言います。

4 水のかさと体積の関係を表にまとめよう

表にまとめながら進めていく。

T　1辺が 1cm の立方体の体積と水のかさはどう表しますか。

C　1cm³ で 1mL です。

T　辺の長さが 10 倍の 10cm の立方体になるとどうですか。

C　1000cm³ で 1000mL，1L です。

T　さらに，辺の長さが 10 倍の 100cm（1m）の立方体になるとどうですか。

C　1m³ = 1000000cm³ で，1000000mL です。1000000mL = 1000L（1kL）です。

C　辺の長さが 10 倍になると，体積やかさは 1000 倍になっているね。

ふりかえりシートが活用できる。

体積の測り方

板書例

水を使って体積を調べよう

1 〈メスシリンダーで〉

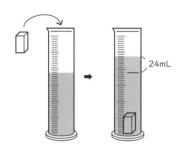

24mL

ふえた水のかさが銅の体積
$84 - 60 = 24$
$24mL = 24cm^3$

2 紙芝居
〈キューちゃんの大きさってなに？〉

POINT 実際に水の中にものを入れて様子を観察し，ものの体積が水の体積に置き換わることが実感できるようにしましょう。

---

1 水が入っているメスシリンダーに銅を入れて，銅の体積を求めよう

T　水の入ったメスシリンダーに銅を入れると，どうなりますか。

C　水の入った目盛りが増えます。

T　増えた目盛りの分が，銅の体積です。実際に，やって見ましょう。

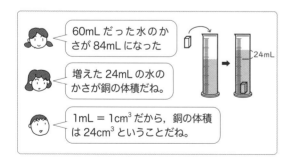

60mL だった水のかさが 84mL になった

増えた 24mL の水のかさが銅の体積だね。

$1mL = 1cm^3$ だから，銅の体積は $24cm^3$ ということだね。

24mL

2 紙芝居「キューちゃんの大きさってなに？」を見よう

原作の紙芝居は，単元の導入で体積の意味を学ぶことになっている。

しかし，ここでは，そのものの体積を水の量に置き換えて調べることができる学習とする。

また，紙芝居では各班にじゃがいも，にんじん，石ころを準備し紙芝居の流れで，操作活動をするようになっている。紙芝居を通して読み聞かせをするだけでも十分楽しめる。

じゃがいも，にんじん，石ころなどを各グループで，実際に調べてみる活動は，学習活動４で行う。また，付属の動画での，容器から溢れた水の量を測定する方法も参考にしたい。

| 準備物 | ・メスシリンダー　・水槽　・受け皿など
・じゃがいも，にんじんなどの測るもの
QR 板書用図　QR ふりかえりシート
QR 紙芝居「キューちゃんの大きさってなに？」 |

| ICT | 表計算機能を使って調べたもの・予想・増えた水の量・体積を整理できる表を作って配信すると，子どもたちは様々な物の体積を調べて表に整理することができる。 |

3 〈石の体積を求めよう〉

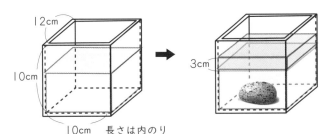

$12 × 10 × 3 = 360$

$360mL = 360cm^3$

石の体積　$360cm^3$

12cm 10cm 10cm 長さは内のり
3cm

4 〈いろいろなものの体積を調べよう〉

まとめ

> どんな形のものでも，
> 水のかさに置きかえて，
> 体積を求めることができる。

調べたもの	予想	増えた水のかさ	体積
じゃがいも	$120cm^3$	140mL	$140cm^3$
にんじん			
キウイ			

---

3 水の入った水槽に石を入れて体積を調べよう

T　水槽に水が入っています。石を入れると 3cm 水かさが増えました。石の体積を求めましょう。

> 3cm 増えた分の水の量が石の体積だね

> 増えた水は直方体になっているから，その体積を求めよう

C　$12 × 10 × 3 = 360$　水のかさは 360mL だから，石の体積も $360cm^3$ です。

T　水の入った水槽にものを沈められたら，どんな形のものでも体積を求めることができますね。

学習のまとめをする。

4 いろいろなものを水に入れて，体積を調べてみよう

T　学習活動 2，3 を参考にして，いろいろなものの体積を調べてみましょう。

各班で必要な道具（水槽など）を準備して活動を始める。じゃがいもやにんじんのほかにも，キウイやみかん，小石など，測定できそうなものを準備しておく。

C　紙芝居のように，溢れ出た水をメスシリンダーに入れて水のかさを調べよう。

C　学習活動 3 のように，増えた水槽のかさで体積を求めよう。

T　調べた結果をノートに表にして書いておきましょう。

ふりかえりシートが活用できる。

第２時　ふりかえりシート

名前 ____________________

● 次の体積を求めましょう。ブロック１個は１cm^3です。

①

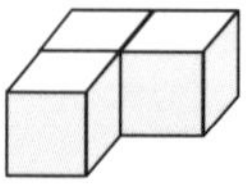

(　　　　　　　　　　)

②

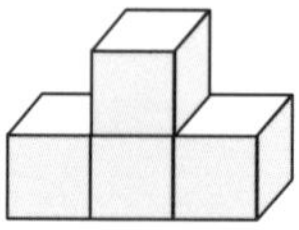

(　　　　　　　　　　)

③

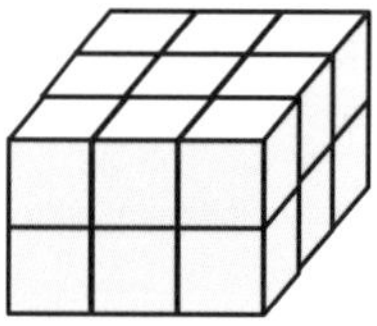

(　　　　　　　　　　)

④

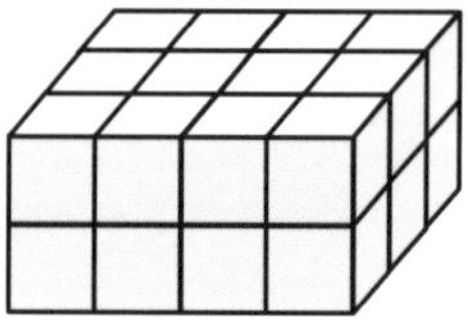

(　　　　　　　　　　)

⑤

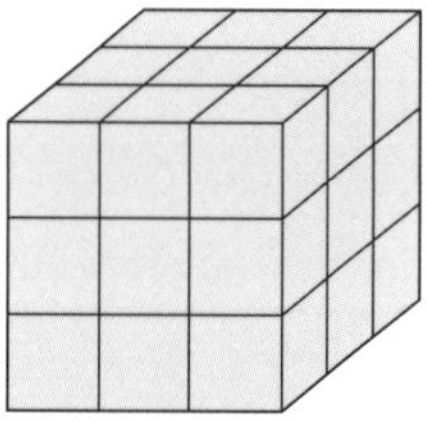

(　　　　　　　　　　)

⑥

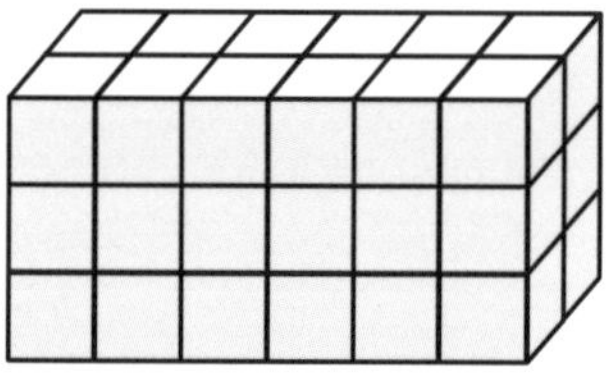

(　　　　　　　　　　)

名
前
_____

● 次の体積を求めましょう。

① 式

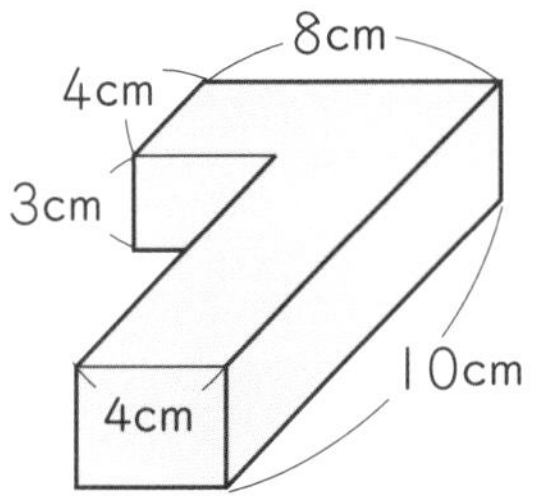

② 式

③ 式

答え _____

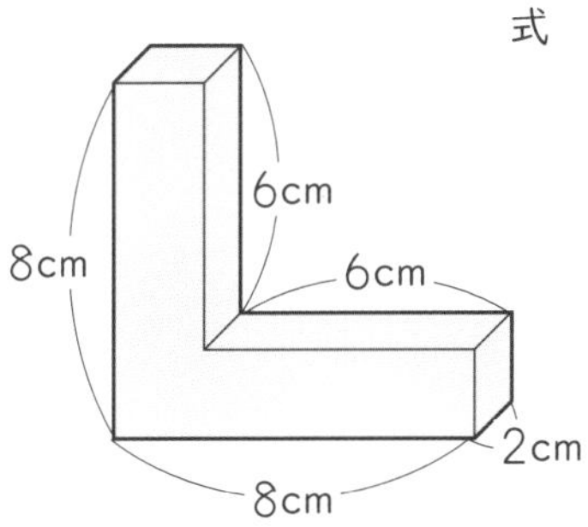

答え _____

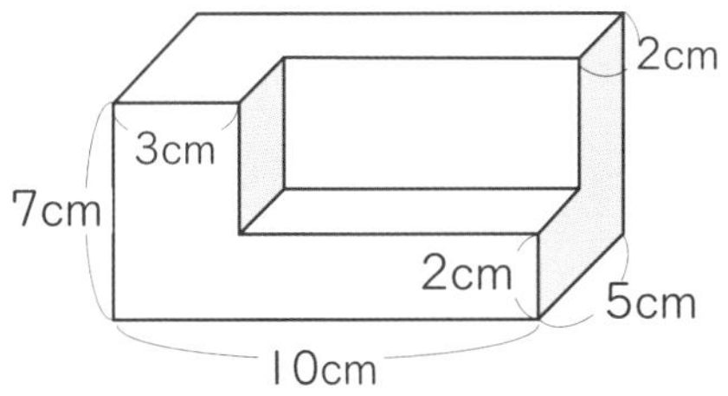

答え _____

比 例

◎ 学習にあたって ◎

<この単元で大切にしたいこと>

　　伴って変化する 2 つの量の関係を 4 年生から学習しています。5 年生では，その中でも簡単な比例関係にあるものを扱い，6 年生の学習につなげていきます。このようなスパイラル学習には問題はあるでしょうが，5 年生で初めて比例という言葉とその概念を学習することになりますから，以下の 2 つを大切にして学習するようにします。

　　1 つは，2 つの量の変化を目でとらえることができる場面を取り上げることです。変化する 2 つの量を見ることで印象深く，比例を理解することができるからです。

　　もう 1 つは，2 つの量の変化を表に表すことです。表にある数値から，比例しているかどうかの判断ができます。そして，「一方の量が 2 倍，3 倍，…になったらもう一方の量も 2 倍，3 倍，…になっている」と言葉で比例関係を表すことにつないでいきます。その他にも，表からは，決まった数（定数）やいくつずつ変化しているか（変化の量）なども見つけることができます。

<数学的見方考え方と操作活動>

　　本書では，変化する 2 つの量を実測して表に表すことから学習を始めます。実測することで，その 2 つの量の変化の関係を調べようとしていることが，より鮮明になります。一見当たり前に思える事象でも，算数の学習にしていくこの過程が重要です。子どもたちが身のまわりのことから比例関係を考えていく視点を養うことにもなります。

　　次に，表に表した数値から，様々な規則性を読み取ることができるようにします。その中に「一方の量が 2 倍，3 倍，…になったらもう一方の量も 2 倍，3 倍，…になっている」と比例の観点で考察することもできるようにします。

<個別最適な学び・協働的な学びのために>

　　実測した数値を表にまとめた後，それからどんな規則性があるかを出し合ってまとめていきます。比例の定義だけでなく，そこでの気づきがとても大切です。例えば，□の量に決まった数をかけると○の量になるという気づきは，関係を式に表すことやそれに関連した課題の解決に役立ちます。また，第 3 時には比例の関係にない事象も取り上げます。比例しているかもしれないと思えることを表に表し，そうでない例もあるとわかることで，学びが深まります。

知識および技能	伴って変わる 2 つの数量について，一方が 2 倍，3 倍，…になると，もう一方も 2 倍，3 倍，…になるとき，そのような関係を比例ということを理解している。 表から比例の関係にあるかどうかを判断することができる。
思考力，判断力，表現力等	伴って変わる 2 つの数量の関係を表した表を，比例という観点をもって考察することができる。
主体的に学習に取り組む態度	伴って変わる 2 つの数量の変わり方に関心をもち，表を用いてその関係を調べようとする。

◎ 指導計画　3 時間 ◎

時	題	目　標
1	水のかさと重さの関係	一方が 2 倍，3 倍に変化すれば，もう一方も 2 倍，3 倍に変化している 2 つの量の関係を比例ということがわかる。
2	長方形の横の長さと面積の関係	長方形の横の長さと面積の関係を，比例という観点で考察し，式に表すこともして，比例について理解を深める。
3	比例を見分ける	正方形の 1 辺の長さと面積のように，比例関係でない関係も考察することで，比例についての理解を深める。

水のかさと重さの関係

板書例

水のかさと重さの関係を調べよう

1 水そうに1dLずつ水を入れたときの水の重さは何gになるか調べよう

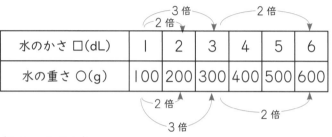

水のかさ □(dL)	1	2	3	4	5	6
水の重さ ○(g)	100	200	300	400	500	600

2 〈わかったこと〉

○　水を1dL入れると100gずつ増えている。

○　水のかさに100をかけると水の重さになる。

○　水のかさが2倍，3倍になると水の重さも2倍，3倍になる。

○　水のかさを÷2，÷3すると水の重さも÷2，÷3になる。

(POINT) 実際に台秤を使って水の重さを調べることで「水のかさと重さ」の2量が同時に変化していく様子がわかります。

---

1 1dLずつ水を入れると，それに伴って水の重さはどう変わるでしょうか

T　はかりに容器を載せたら，調節ネジを使い，目盛りを0に合わせましょう。

1dLずつ入れながら，記録して行こう

正確に1dLを測って入れるよ

C　水を1dL入れると100gでした。

C　さらに，水を1dL加えると100g増えたよ。

　　1dLをゆっくり入れると，重さがそれに合わせて100gずつ増えていく様子が見える。2つの量が同時に変化していくことが視覚的にわかる。台秤にすると微妙な誤差を気にしないで結果を記録していくことができる。(デジタル秤だと，細かい数字まで表示されるので不都合。)

2 調べた結果をまとめた表を見て，わかったことを話し合おう

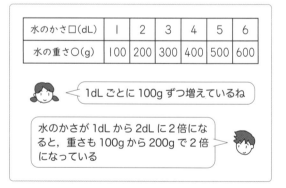

水のかさ□(dL)	1	2	3	4	5	6
水の重さ○(g)	100	200	300	400	500	600

1dLごとに100gずつ増えているね

水のかさが1dLから2dLに2倍になると，重さも100gから200gで2倍になっている

C　水のかさが3倍，4倍，5倍になると，重さも3倍，4倍，5倍になっています。

T　2つの量があって，一方の量□が2倍，3倍…になると，それに伴ってもう一方の量○も2倍，3倍…になるとき，「○は□に比例する」といいます。

　　学習のまとめをする。

まとめ

> 2つの量があって，一方の量□が2倍，3倍になると，
> それにともなって，もう一方の量○も2倍，3倍に
> なるときに「○は□に比例する」といいます。

3
〈水のかさが 15dL のときの水の重さ？〉
・5dL のときの3倍　　500 × 3 = 1500
・3dL のときの5倍　　300 × 5 = 1500
・1dL あたり 100g　　100 × 15 = 1500　　<u>1500g</u>

4
〈重さが 1800g のときの水のかさ？〉
・600g のときの3倍　6 × 3 = 18
・300g のときの6倍　3 × 6 = 18
・1dL あたり 100g　　1800 ÷ 100 = 18　　<u>18dL</u>

---

3 比例の関係を使って求めよう①

T　水槽に 15dL の水を入れたら重さは何 g になりますか。

> 15dL は 5dL の3倍
> だから，重さも3倍だ。
> 500 × 3 = 1500
> 1500g になります

> 3dL から考えた。
> 3dL の5倍だから
> 300×5 = 1500
> 1500g です

> 1dL あたり 100g
> だから，100×15
> でも求めることが
> できます

T　比例の関係を使えば，実際に 15dL 入れなくても
　予想することができますね。
C　本当にそうなるか試してみたいです。
　　実際に 1500g になることを確かめる。

4 比例の関係を使って求めよう②

T　重さが 1800g になるのは，水を何 dL 入れたとき
　ですか。

> 1800g は 600g の3倍だから，
> 水のかさも 6dL のときの3倍
> になります
> 6×3 = 18　　18dL です

> 1dL あたり 100g だから，
> 1800g になるのは，18dL
> です

T　考え方がわかるよう，式に書いておきましょう。
　　ふりかえりシートが活用できる。

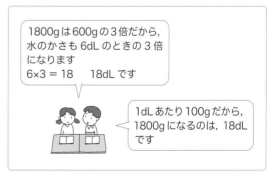

長方形の横の長さと面積の関係

板書例

長方形の横の長さと面積の関係を調べよう

1 たて 8cm の長方形の横の長さを長くしていくと，面積はどう変わるか調べよう

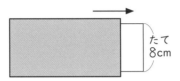

たて 8cm

2

横の長さ □(cm)	1	2	3	4	5	6
面積 ○(cm²)	8	16	24	32	40	48

（3倍・2倍）

○ 横の長さが 2 倍，3 倍になると面積も 2 倍，3 倍になる。

面積は横の長さに比例している。

POINT 重ねた下の画用紙をスライドさせて，2 つの量が同時に変化していく様子を視覚的にとらえられるようにし，比例を印象深

1 長方形の横の長さを1cmずつ長くしていくと，面積はどうなりますか。

T 縦の長さが 8cm の長方形があります。横の長さを 1cm ずつ長くしていくと面積はどう変わるでしょう。

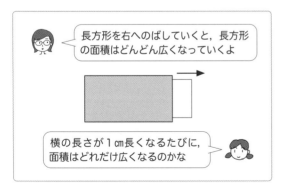

長方形を右へのばしていくと，長方形の面積はどんどん広くなっていくよ

横の長さが 1cm 長くなるたびに，面積はどれだけ広くなるのかな

C 横の長さが 1cm だと面積は 8cm²。
C 横の長さが 2cm になると面積は 16cm² になる。
C 8cm² ずつ広くなっていくのかな。
T 長方形の横の長さと面積は比例しているか，表にして調べてみよう。

2 長方形の横の長さと面積の関係を表にまとめましょう

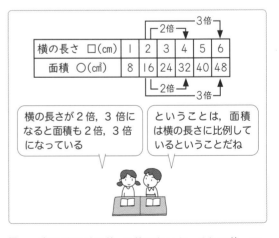

横の長さ □(cm)	1	2	3	4	5	6
面積 ○(cm²)	8	16	24	32	40	48

横の長さが 2 倍，3 倍になると面積も 2 倍，3 倍になっている

ということは，面積は横の長さに比例しているということだね

T 一方の量□が 2 倍，3 倍になると，それに伴ってもう一方の量○も 2 倍，3 倍になるとき，「○は□に比例している」のでしたね。

3 〈比例を使って求めよう〉

・横の長さが 16cm のときの面積
（□ = 16，○ = ？）
8 × 16 = 128　　128cm²

・面積が 120cm² のときの横の長さ
（□ = ？，○ = 120）
8 × □ = 120
□ = 120 ÷ 8
□ = 15　　15cm

4 〈式や図に表そう〉

たて × 横 ＝ 長方形の面積

8 × □ ＝ ○

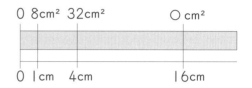

まとめ

比例の関係を式や図に表すことができる。
比例の式にあてはめて，もう一方の数を求めることもできる

〈学べるようにします。

---

3 比例の関係を使って求めよう

T　横の長さが 16cm になると，面積は何 cm² ですか。
C　横の長さが 4cm の 4 倍だから面積も 4 倍になります。
　32 × 4 = 128 で，128cm² です。
C　縦の長さは 8cm と決まっているから，8 × 16 としてもいいね。

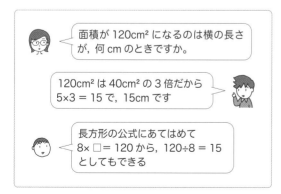

面積が 120cm² になるのは横の長さが，何 cm のときですか。

120cm² は 40cm² の 3 倍だから 5×3 = 15 で，15cm です

長方形の公式にあてはめて 8× □ = 120 から，120÷8 = 15 としてもできる

4 長方形の横の長さ□と面積○の関係を，式や図に表してみよう

T　長方形の面積を求める公式を使って，□や○をあてはめてみましょう。
C　長方形面積は「縦×横＝長方形の面積」だからそれにあてはめてみたら，8 ×□＝○となるよ。
T　先ほどの面積や横の長さを求める問題も，この式にあてはめたらできますね。
C　8 × 16 ＝○や 8 ×□＝ 120 とあてはめたらできますね。

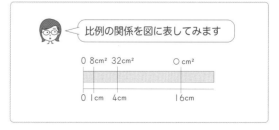

比例の関係を図に表してみます

学習のまとめをする。
ふりかえりシートが活用できる。

板書例

正方形の1辺の長さと面積の関係を調べよう

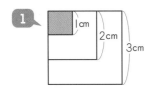

〈正方形の1辺の長さと面積〉

1辺の長さ □(cm)	1	2	3	4	5	6
面　積　○(cm²)	1	4	9	16	25	36

× 　比例していない

〈正方形の1辺の長さとまわりの長さ〉

1辺の長さ □(cm)	1	2	3	4	5	6
まわりの長さ ○(cm)	4	8	12	16	20	24

○ 　比例している

POINT　「表を作成して調べてみて，比例しているかどうか自分で判断できる」ことを大切にしましょう。

1 正方形の面積は，1辺の長さに比例しているでしょうか

T どうですか？比例していると思う人は手を挙げてください。

正方形の1辺の長さを長くしたら面積も大きくなるね

長方形も比例していたから，正方形も比例すると思うな

T 表にして，調べてみましょう。

表に表して，考える時間をとる。

C 辺の長さが2倍，3倍になっても，面積は，2倍，3倍になっていないね。

C 正方形の面積は1辺の長さに比例していません。

比例しているかどうかを判断する手がかりとして表が有効。

2 正方形のまわりの長さは1辺の長さに比例しているでしょうか

T どうですか？みなさんはどう思いますか？

正方形の場合は，まわりの長さも比例しないのかな

正方形では，1辺の長さに4をかけたらまわりの長さになるね

これも表にまとめて調べよう

表に表して，考える時間をとる。

C 1辺の長さが2倍，3倍になると，まわりの長さも2倍，3倍になっているね。

C 正方形のまわりの長さは1辺の長さに比例しています。

3 〈式に表そう〉

$$\underline{1辺の長さ} \times 4 = まわりの長さ$$
$$\square \quad \times \quad 4 = \quad \bigcirc$$

・1辺の長さが 8cm
$$8 \times 4 = \bigcirc$$
$$8 \times 4 = 32 \qquad \underline{32cm}$$

・まわりの長さが 72cm
$$\square \times 4 = 72$$
$$\square = 72 \div 4$$
$$\square = 18 \qquad \underline{18cm}$$

まとめ

> 変化する2つの量を表に表すと，比例しているかどうか見分けることができる。

4 〈比例しているか見分けよう〉

㋐ 1まいが50円の画用紙を買ったときの，画用紙のまい数と代金

まい数□（まい）	1	2	3	4	5	6
代　金〇（円）	50	100	150	200	250	300

比例している

㋑ 1まいが50円の画用紙と，100円の絵の具を1個買ったときの，画用紙のまい数と代金

まい数□（まい）	1	2	3	4	5	6
代　金〇（円）	150	200	250	300	350	400

比例していない

㋒ 1個250gのりんごを100gのかごに入れたときの，りんごの個数と全体の重さ

個数□（個）	1	2	3	4	5	6
重さ〇（g）	350	600	850	1100	1350	1600

比例していない

3 正方形の1辺の長さとまわりの長さの関係を式に表してみよう

> 正方形のまわりの長さは，正方形の「1辺の長さ ×4」で求めることができたね
>
>
>
> 1辺の長さが□で，まわりの長さが〇だから，□×4 ＝〇になります

T　1辺が8cmだと，まわりの長さは何cmになりますか。また，まわりの長さが72cmになるのは，1辺の長さが何cmのときですか。□× 4 ＝〇を使って求めましょう。

　　□× 4 ＝〇の式に数字をあてはめて答えを求める。

　学習のまとめをする。

4 ㋐㋑㋒は，それぞれ2つの量が比例しているかどうか調べましょう

> ㋐ 1枚が50円の画用紙を買ったときの，画用紙の枚数と代金
>
> ㋑ 1枚が50円の画用紙と，100円の絵の具を1個買ったときの，画用紙の枚数と代金
>
> ㋒ 1個250gのりんごを100gのかごに入れたときの，りんごの個数と全体の重さ

C　表にまとめて調べてみよう。

　　まとめた表を見て，2つの量の一方が2倍，3倍，…になると，それにともなってもう一方も2倍，3倍，…になっているかを調べ，比例関係になっているかどうかを確かめる。

　　ふりかえりシートが活用できる。

小数のかけ算

◎ 学習にあたって ◎

<この単元で大切にしたいこと>

　　これまでの乗法は，乗数が連続量であっても整数でしか扱っていませんでした。それが乗数が小数になることで，乗法を適応できる場面が飛躍的に広がるようになります。

　　ここでは，乗数が小数になっても整数と同じように乗法が成り立つことや，小数点の位置を決める計算の仕方，乗数が真小数の場合は，積が被乗数よりも小さくなることなどを学習します。その際，数字や言葉だけでなく，図で量を視覚化して考えることができるようにすることが大切です。そして，図を表へと抽象化して一般化できるようにします。

<数学的見方考え方と操作活動>

　　乗数が小数の場合における乗法の意味や，小数点の位置の求め方，そして乗数が真小数の場合，積が被乗数よりも小さくなることを，数字だけでなく量が見える図で表し，それを数字と対応させながら考えます。図で表すことで，十進位取り記数法のしくみが小数でも有効に活用できることがわかります。そのため，図を使って考えることがここでの大切な操作活動になります。また，図を抽象化し，一般化した表に表すことで，整数の乗法と同じように考えることができるようになります。

<個別最適な学び・協働的な学びのために>

　　これまで学んできた整数の乗法から小数の乗法へ発展させた学習となりますが，乗法の構造は整数の場合と同じです。計算方法においても小数は整数と同じ十進構造なので，整数の計算が基礎になります。ですから，既習の学習内容を生かして学習や話し合いができるようにします。また，扱う量が連続量になることで適用される場面も広がります。「かけると数が増える」というイメージも乗り越えなければいけません。そのためには，量の大きさがわかる図をもとに考えることができ，それを使って説明したり話し合ったりできるようにすることが大切です。

◎ 評 価 ◎

知識および技能	乗数が小数の場合の，乗法の意味や計算の仕方，計算法則が成り立つことを理解し，乗法計算ができるようになる。
思考力，判断力，表現力等	乗数が小数の場合での乗法の意味や計算の仕方について，図や表を用いて考えることができる。
主体的に学習に取り組む態度	小数のかけ算の意味を，整数の場合をもとに，より一般化して用いられるように考えたり，計算の仕方を十進位取り記数法の仕組みをもとに考えたりしている。

◎ 指導計画　9 時間 ◎

時	題	目　標
1	整数×小数の計算を考える	小数をかける計算方法を考え，小数で表された長さ分の代金を求めることができる。
2	整数×小数の計算	整数×小数の意味がわかり，図を手がかりにして考え，計算で積を求めることができる。
3	小数×小数の筆算	小数×小数の計算の仕方を図を使って考える。
4	小数×小数の文章題	小数×小数の文章問題を表に表して，解決できるようになる。
5	積の小数点の位置	小数のかけ算の小数点をうつ位置の決め方を理解して，計算ができるようになる。
6	0 を消したり，つけたりする計算	積の末尾の 0 を処理したり，0 を補ったりする場合の筆算の仕方を理解し，計算ができるようになる。
7	積の大きさ	かける数が 1 よりも大きい場合，1 よりも小さい場合によって，積がかけられる数よりも大きくなったり小さくなったりすることが理解できる。
8	面積や体積	辺の長さが小数であっても，面積や体積を公式を使って求めることができる。
9	計算のきまり	小数も整数と同じように交換，結合，分配法則といった計算のきまりが成り立つことを理解し，工夫して計算することができる。

小数で表された長さ分の代金を求めよう

板書例

1 | 1mが80円のリボンがあります。
このリボン0.3mの代金はいくらですか。

式　80 × 0.3

〈0.1mから考えよう〉

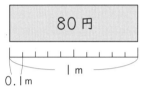

0.1mの代金
80 ÷ 10 = 8
（円）　　　　（円）

2

0.2mでは
8 × 2 = 16　16円

0.3mでは
8 × 3 = 24　24円

POINT 0.1mの代金，そして0.3mの代金は0.1mの代金の3つ分といった考え方は，図を使って視覚化しながら話し合いを

---

1 0.3mのリボンの代金の求め方を考えよう

問題文を提示する。

C　1mよりも少ないから80円よりは安くなるね。

C　2mなら80×2で求めることができるので，
0.3mなら式は80×0.3になるのかな。

C　80円を10でわれば0.1mの代金になる。
80（円）÷ 10 = 8（円）

2 0mから1mまでのリボンの長さと代金を
図に表して考えよう

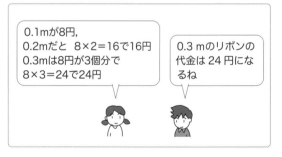

T　0.1mをもとにして考えたら，小数で表された長さの代金もかけ算で求めることができますね。

準備物 | QR 板書用図
QR ふりかえりシート

| I C T | 子どもたちがノートにかいた式や図を写真撮影し，共有機能を使って全体共有すると，計算の仕方や考え方について対話的に迫っていくことができる。 |

3

〈次の長さでは何円ですか〉

㋐　0.7m
8 × 7 = 56　　　56円

㋑　1.2m
8 × 12 = 96　　　96円

㋒　2.8m
8 × 28 = 224　　　224円

まとめ

0.1mのいくつ分とみれば，小数で表された長さでもかけ算の式で代金を求めることができる。

4

式
80 × 0.3 の計算の仕方

80 ÷ ⑩ × ③
80 × ③ ÷ ⑩

80 × 0.3 = 80 ÷ 10 × 3
　　　　　= 80 × 3 ÷ 10

すれば理解も深まる。

3 1.2m や 2.8m の代金も求めてみよう

T　次の長さの代金はいくらになりますか。求めてみましょう。
　　㋐　0.7 m　　㋑　1.2 m　　㋒　2.8 m
C　0.7m は 0.1m の 7 個分だから，8 × 7 = 56 で 56 円です。
T　1.2m はどう考えればいいですか。

1.2 は 0.1 の 12 個分と考えたらいい

8×12 で求めて，96 円です

2.8m は 0.1m の 28 個分だから 8×28 で，224 円になります

4 小数をかける計算の求め方をまとめよう

T　80 × 0.3 の計算はどのようにしていることになりますか。
C　80 ÷ 10 × 3 をしています。

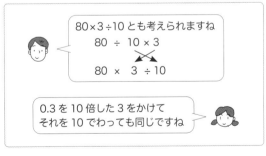

80×3÷10 とも考えられますね
80 ÷ 10 × 3
80 × 3 ÷ 10

0.3 を 10 倍した 3 をかけてそれを 10 でわっても同じですね

C　÷ 10 と × 3 の順番を入れ替えても，答えは同じになるね。

ふりかえりシートが活用できる。

板書例

□ m 分の重さを求めよう

1️⃣ | 1mが32gの針金があります。
この針金 □ mの重さは何gですか。 |

〈2mの場合〉　　　〈3mの場合〉

式　32 × 2 = 64　　式　32 × 3 = 96

　　　　64g　　　　　　　　96g

〈2.4mの場合〉

[1mの重さ] × [長さ] = [全体の重さ]

式　32 × 2.4

2️⃣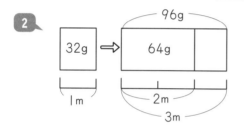

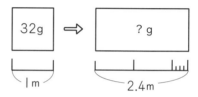

0.1m分の重さが
わかると求められる

(POINT) 既習の2m，3mから始めて，そこから2.4mの重さを予想し，量の大きさがわかるように丁寧に図に表すことをしながら

1️⃣ □に数字を入れて，立式して答えを求めよう

問題文を提示する。

T　2mや3mのときの重さを求めましょう。

C　2mだと，32 × 2 = 64　64gになります。

C　3mだと，32 × 3 = 96　96gになります。

T　では，2.4mでは何gになりますか。

> 言葉の式に表すと，
> 「1mの重さ×長さ＝全体の重さ」だから，
> 同じように式にすればいいと思う

> 2.4mは小数だけど
> 同じようにかけ算の式
> に表せるよ

C　式は32 × 2.4　になります。

T　答えはおよそ何gぐらいになりそうですか。

C　2.4mは2mと3mの間だから，80gぐらいかな。

2️⃣ 問題の場面を図に表して考えよう

T　まず，2mの場面を図
　に表して見ます。

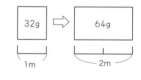

C　32gの2つ分という
　ことがよくわかるね。

　同じように3mの場合も図に表し，32gの3つ分である
　ことを確かめる。

T　では，2.4mの場合は
　どうでしょうか。

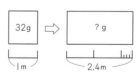

C　0.4m分の重さがわか
　るといいね。

C　前の時間にやったよ
　うに，0.1mあたりの重さがわか
　れば全体の重さがわかるね。

準備物	板書図 ふりかえりシート	I C T	ふりかえりシートのデータを配信すると，子どもは課題の解法に向けて考えたことを記入して全体共有しやすく，子どもがどう理解しているか見取りやすくなる。	

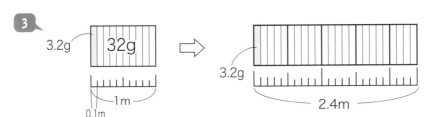

3

〈0.1mの重さ〉

$32 ÷ 10 = 3.2$

　　　3.2g

4

〈もう 1 つの 32 × 2.4 の計算の仕方〉

$32 ÷ ⑩ × ㉔$

$32 × ㉔ ÷ ⑩$

2.4 を 10 倍した 24 をかけるから，
答えを 10 でわる。

〈2.4m の重さ〉

2.4m は 0.1m が 24 こ

3.2g が 24 こ

$3.2 × 24 = 76.8$　　76.8g

まとめ

小数をかける計算も，整数をかける
計算に表して，答えを求めることが
できる。

解決の糸口が見つけられるようにします。

3 0.1m の重さをもとにして 2.4m の重さを求めよう

T　0.1m の重さはどうすれば求められますか。

C　1m が 32g だから，0.1m 分の重さは 32 ÷ 10 で，3.2g になります。

T　0.1m 分の重さをもとに 2.4m の重さを求めましょう。

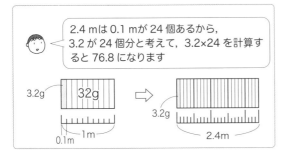

2.4 m は 0.1 m が 24 個あるから，3.2 が 24 個分と考えて，3.2×24 を計算すると 76.8 になります

C　2m 分の重さ 64g に 0.4m 分の重さをたす方法でもいいと思います。　$64 + 3.2 × 4 = 76.8$
76.8g になります。

4 考え方をまとめよう

T　式は 32×2.4 でしたが，答えを求めるときは 0.1m あたりにして考えるから，(32 ÷ 10) の 3.2 に 24(2.4 × 10) をかけることになりましたね。

$32 × 2.4 = 32 ÷ 10 × 24$

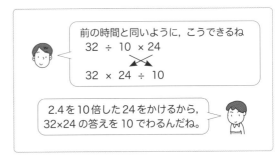

前の時間と同じように，こうできるね
$32 ÷ 10 × 24$
$32 × 24 ÷ 10$

2.4 を 10 倍した 24 をかけるから，32×24 の答えを 10 でわるんだね。

C　小数をかける計算も整数をかける計算にして考えると答えが求められますね。

学習のまとめをする。
ふりかえりシートが活用できる。

小数×小数の筆算

板書例

小数×小数の筆算の方法を考えよう

1 | 1dL のペンキで 1.2m² の面積をぬることができます。
このペンキ ☐ dL では何 m² をぬることができますか。

〈2.3dL の場合〉

式　1.2 × 2.3

2 〈いちばん小さな
0.01m² に分けて考える〉

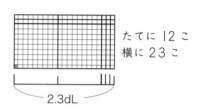

たてに 12 こ
横に 23 こ

考え方1　　1m² が 2 まいで 2m²
　　　　　0.1m² が 7 本で 0.7m²　　　合わせたら
　　　　　0.01m² が 6 こで 0.06m²　　2.76m²

考え方2　　0.1dL あたり 0.12m²
　　　　　0.12m² × 23 = 2.76　　　答え　2.76m²

0.01m² が全部で
12 × 23 = 276
0.01m² が 276 こなので
2.76m²

POINT　図に表せば，図から答えを求めることができます。そして，全てを 0.01m² に分けて考えることで，筆算の仕方が視覚化さ

1 問題場面を図に表して考えよう

問題文を提示する。

T　☐の中の数字を 2.3 にします。式に書いてから図
に表してみましょう。

C　式は，1.2 × 2.3 になります。

1dL で 1.2m² ぬれる
のは決まっている
ことだね

図から答えを求め
られそうだよ

C　1m² が 2 枚で 2m²　　0.1m² が 7 本で 0.7m²
　0.01m² が 6 個で 0.06m²　　合わせて 2.76m² です。

C　前の時間のように 0.1dL あたりで考えてみる。
　0.1dL あたり 0.12m²　2.3dL は 0.1dL が 23 個分
だから，0.12 × 23 = 2.76　2.76m² になるね。

2 1m² を 0.01m² に分けて考えてみましょう

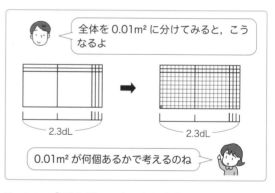

全体を 0.01m² に分けてみると，こう
なるよ

0.01m² が何個あるかで考えるのね

T　0.01m² が全部でいくつありますか。

C　縦に 12 個，横に 23 個です。

C　12 × 23 = 276　全部で 276 個です。

T　0.01m² が 276 個だと何 m² ですか。

C　2.76m² です。

T　12 × 23 ÷ 100 で答えを求めることができまし
たね。

3

〈筆算の方法〉

```
        1.2    ×10         1 2
    ×   2.3   ⇨      ×     2 3
        3 6    ×10          3 6
      2 4                 2 4
      2.7 6    ⇦         2 7 6
```

　　　÷100 をする

筆算の方法
1. 小数×小数の計算も整数と同じように計算する。
2. かけられる数，かける数をそれぞれ 10 倍して整数にして計算したので，積を 100 でわって小数点をうつ。

4

〈0.9dL では何 m² ぬれますか〉

式　1.2×0.9

```
        1.2
    ×   0.9
    1.0 8
```

　　1.08 m²

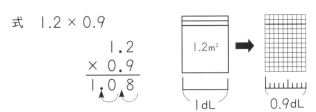

| 1.2m² |
| 1dL |

| 0.9dL |

1 よりも小さい数をかけると，積はかけられる数よりも小さくなる。

れ，論理的に説明できるようになります。

3 1.2 × 2.3 の筆算の方法を考えよう

T　図から答えを見つけた方法で，筆算の方法を考えてみましょう。

C　図で，全体を 0.01m² に分けて，それが何個あるかを考えました。

C　12 × 23 を筆算でして，276 となりました。0.01 が 276 個分ということなので，答えは 2.76 です。

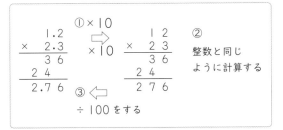

```
        1.2    ①×10        1 2     ②
    ×   2.3   ⇨      ×     2 3    整数と同じ
        3 6    ×10          3 6    ように計算する
      2 4                 2 4
      2.7 6    ③⇦         2 7 6
```

　　　÷100 をする

C　1.2 と 2.3 をそれぞれ 10 倍して整数で計算した。積の 276 は，100 倍になっているから，÷ 100 をして答えは，2.76 になるんだね。

　　学習のまとめをする。

4 ペンキ 0.9dL で塗れる面積を求めよう

C　式は，1.2 × 0.9 です。

T　1.2 × 0.9 を筆算でしてみましょう。

12×9 と考えて，整数の筆算と同じように計算して小数点をうてばいいね

計算したら，1.2m² よりも狭くなったけどいいのかな

T　「1.2 × 0.9 = 1.08」を図で確かめてみましょう。

C　0.9dL は 1dL よりも少ないから，積は 1.2m² より狭くなっていいんだね。

C　かけ算をして，小さくなることがあるんだね。

　　ふりかえりシートが活用できる。

小数×小数の文章題

本時の目標　小数×小数の文章問題を表に表して，解決できるようになる。

小数×小数の文章問題が解けるようになろう

板書例

1

1 m² あたり 2.1 L の水をまきます。
3.2 m² では，何 L の水をまくことになりますか。

式　2.1×3.2　　　　　答え　6.72L

```
    2.1
  × 3.2
  ─────
    4 2
  6 3
  ─────
  6.7 2
```

2

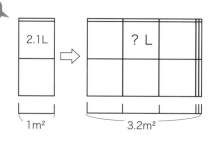

1あたり量	全体の量
2.1L	?L
1m²	3.2m²

いくら分

| 1あたり量 | × | いくつ分 | = 全体の量 |

POINT　本書 p10, 11 に「4マス対応表」について詳しく掲載しています。かけ算わり算の演算決定ができる大きな力となる表です。

1 問題の場面から立式し，図にも表しましょう

問題文を提示する。

C　式は，2.1 × 3.2 です。

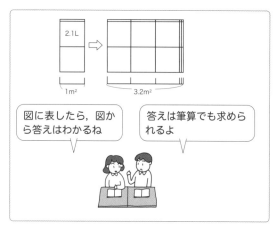

図に表したら，図から答えはわかるね

答えは筆算でも求められるよ

T　図がかけたら，図と筆算で答えを求めましょう。

C　問題を解くたびに図をかくのは大変だなあ。

2 図を簡単な表にしてみよう

いつも図をかくのは面倒ですね。筆算で答えは求められるから，図は，もっと簡単にしましょう

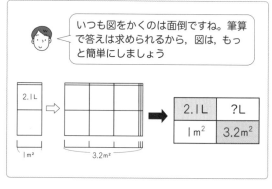

T　4マスに分かれた表に数字を入れていきます。数字を入れる場所は図と同じです。

C　求めるところが？になっているんだね。

C　式にするときは2.1（1あたり量）× 3.2（いくら分）の順番になるんだね。

3 〈図に表して問題をとこう〉

0.7㎡ の場合

2.1L	?L
1m²	0.7m²

式　2.1 × 0.7 = 1.47

　　　　　　　 1.47L

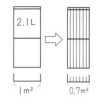

4

1m のあたりの重さが 1.4kg の鉄パイプがあります。
この鉄パイプ 2.8m の重さは何 kg ですか。

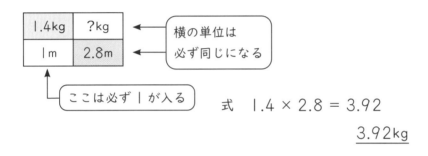

1.4kg	?kg
1m	2.8m

← 横の単位は
　必ず同じになる

↑
ここは必ず 1 が入る

式　1.4 × 2.8 = 3.92

　　　　　　　 3.92kg

この表をぜひ活用してみてください。

---

3 水をまく面積を0.7（m²）にして問題を
解いてみましょう

T　まずは、今学習した表をかいてから式をかくよう
にしましょう。

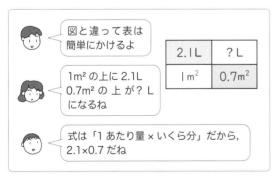

図と違って表は
簡単にかけるよ

2.1L	?L
1m²	0.7m²

1m² の上に 2.1L
0.7m² の上が？L
になるね

式は「1 あたり量 × いくら分」だから、
2.1×0.7 だね

C　答えは、1.47L。かけ算したのにかけられる数の
2.1L よりも積が小さくなっても
いいんだよね。

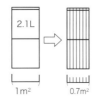

子どもの疑問に対応して具体的
な図に表せるようにしておく。

---

4 表を使って問題を解いてみよう

問題文を提示する。

C　表に整理してみよう。

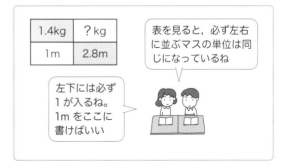

1.4kg	?kg
1m	2.8m

表を見ると、必ず左右
に並ぶマスの単位は同
じになっているね

左下には必ず
1 が入るね。
1m をここに
書けばいい

C　式は、1.4 × 2.8 答えは、3.92kg です。

　4 ます表をかくポイントをまとめる。
　表をかく練習は必要。p10, p11 を参照

　ふりかえりシートが活用できる。

板書例

小数点の位置を決める方法を考えよう

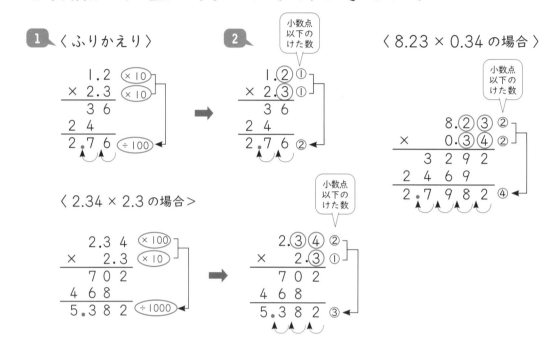

POINT 「たし算をすれば小数点の位置が決まる便利な方法」を児童が話し合いを通して発見できるようにしましょう。

1 2.34×2.3の小数点をうつ位置を考えよう

T　1.2 × 2.3 の計算をふりかえってみましょう。

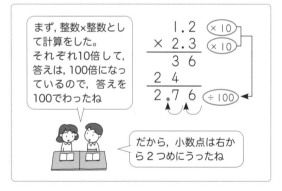

まず, 整数×整数として計算をした。
それぞれ10倍して, 答えは, 100倍になっているので, 答えを100でわったね

だから, 小数点は右から2つめにうったね

T　では, 2.34 × 2.3 ではどうですか。

C　2.34 は, × 100, 2.3 は× 10 で整数にして計算するので答えは 1000 倍になっているから, 答えを1000 でわったらいいだろう。

C　小数点は右から3つめにうてばいい。

2 小数点の位置を決める方法を考えよう

C　1.2 × 2.3 だと小数点から下にある桁が合わせて②つだから, 答えの小数点は右から② つめになる。

C　2.34 × 2.3 でも同じように考えることができるね。

C　× 100 は②, × 10 は①, 合わせて③だから, 答えは小数点を右から③つめだ。

T　では, 8.23 × 0.34 だとどうすればいいでしょう。

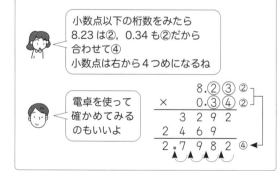

小数点以下の桁数をみたら
8.23 は②, 0.34 も②だから
合わせて④
小数点は右から4つめになるね

電卓を使って
確かめてみるのもいいよ

3 〈 786 × 87 ＝ 68382 を使って 〉

㋐　78.6 × 8.7　 ＝ 683.82
　　 ① ＋ ① ＝ ②

㋑　7.86 × 8.7　 ＝ 68.382
　　 ② ＋ ① ＝ ③

㋒　7.86 × 0.87　＝ 6.8382
　　 ② ＋ ② ＝ ④

まとめ

> 積の小数点は、計算する数の
> 小数点から下のけた数をたした
> 数（和）だけ、右から数えてうつ。

4 〈 見当をつけて小数点をうつ方法 〉

〈積の見当をつける〉

7.4 × 3.8
↓
7 × 4 ＝ 28

```
        7.④ ①
   ×    3.⑧ ①
   ─────────
        5 9 2
      2 2 2
   ─────────
   ② ⑧.1 2  ②
```

㋓ 2.5 × 4.3
↓
3 × 4 ＝ 12

```
        2.⑤ ①
   ×    4.③ ①
   ─────────
          7 5
      1 0 0
   ─────────
   ① 0.7 5  ②
```

㋔ 0.29 × 6.2
↓
0.3 × 6 ＝ 1.8

```
      0.②⑨ ②
   ×   6.② ①
   ─────────
        5 8
      1 7 4
   ─────────
   1.7 9 8  ③
```

---

3 きまりを使って小数点をうってみよう

T　786 × 87 ＝ 68382 です。㋐〜㋒の計算の積に小数点をうちましょう。

> 小数点から下の桁数を数えると、㋐は①＋①＝②だから、小数点は右から2つめになって683.82だね

> ㋑は、②＋①＝③だから、68.382

> ㋒は、②＋②＝④だから、6.8382

　筆算をしてみないと納得できない子どもがいたら、筆算をする時間も十分設ける。筆算することで、積が同じ数字になり、小数点だけ動かせばいいことが納得できる。

　学習のまとめをする。

4 積の見当をつけて小数点の位置を考えよう

T　7.4 × 3.8 の概算をしてみましょう。

C　上から1桁の概数としたら 7 × 4 で 28 です。

C　そうか、概算をしてみると小数点は 28.○○の位置になることがわかるね。

C　①＋①＝②と桁数をたし算でしたのと同じ答えだね。

実際の計算
```
        7.4
   ×    3.8
   ─────────
        5 9 2
      2 2 2
   ─────────
   ② 8.1 2
```

T　㋓と㋔の計算も見当をつけて、小数点をうちましょう。

　　㋓ 2.5 × 4.3　　㋔ 0.29 × 6.2

C　㋓は、概算してみると、3 × 4 で 12 だから、実際位の計算では「10.75」だね。

C　㋔も概算では、0.3 × 6 で 1.8 だから、「1.798」だ。

　ふりかえりシートが活用できる。

0を消したり, つけたりする計算

板書例

0に注意して小数の計算をしよう

1 〈 2.8 × 0.75 〉

```
      2.8
  ×  0.75
 ─────────
    1 4 0
  1 9 6
 ─────────
  2.1 0 0
```

もう一方の最後が 2, 4, 6, 8

最後が 5

小数点より右にある最後の0は消す。

2 〈 0.12 × 2.4 〉

```
    0.1 2      0.□□
  ×   2.4      0.0□
 ─────────
    4 8
  2 4
 ─────────
  0.2 8 8
```

必要な0をつけ加える。

POINT 「0は曲者だよ」と注意を喚起します。0のある計算を注意してするようになったら, そのような問題づくりをしたり, 友だ

1 2.8×0.75の筆算をしましょう

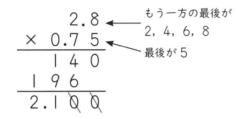

積が2.100になるけど, 最後の0はどうしたらいいのかな

```
      2.8
  ×  0.75
 ─────────
    1 4 0
  1 9 6
 ─────────
  2.1 0 0
```

小数のたし算やひき算でも小数点以下の最後の0は消していたよ

T 小数点より右にある最後の0は消すきまりでした。消すときは, 左上から右下に斜めの線をひきましょう。

　有効数字を学習していない段階では2.100と2.1は等しいと考える。消さなくとも「間違い」とは言い切れないが, ここでは「0は必要ないので省略して」程度に説明する。

2 0.12×2.4の筆算をしましょう

T この計算でも, 0に気をつけましょう。

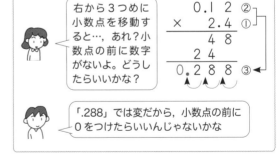

右から3つめに小数点を移動すると…, あれ?小数点の前に数字がないよ。どうしたらいいかな?

「.288」では変だから, 小数点の前に0をつけたらいいんじゃないかな

T 小数点の前に数字がない場合は0を忘れずにつけ加えましょう。

C 積の0を消したりつけ加えたりする場合もあるんだね。

3 〈積の 0 を消したり，つけたりする小数の計算を作ってみよう 〉

4 〈友だちが作った計算問題をやってみよう 〉

① 3.24 × 7.5

```
    3.2 4
×     7.5
  1 6 2 0
  2 2 6 8
2 4 3 0 0
```

② 0.9 × 0.6

```
    0.9
×   0.6
  0.5 4
```

③ 0.25 × 0.06

```
      0.2 5
×     0.0 6
  0.0 1 5 0
```

④ 0.08 × 0.05

```
      0.0 8
×     0.0 5
  0.0 0 4 0
```

⑤ 1.25 × 0.08

```
      1.2 5
×     0.0 8
  0.1 0 0 0
```

ちが作った問題を解いたりして理解を深めます。

3 0を消したり，つけたりする計算問題を作ろう

T　積の 0 を消すのはどんなかけ算のときでしょうか。

C　かけられる数，かける数どちらかの最後の 1 桁の数が 5 で，もう一方の最後の 1 桁の数が，「2，4，6，8」の偶数の場合です。

では，0 をつけ加えるような積になるのはどんなかけ算でしょう

0.12 みたいに 0.□□の数のときかな

じゃあ，0.0□のような数も必ずそうなりそうだな

T　では，積の最後の 0 を消したり，積に 0 をつけ加えたりするような小数の計算問題を作ってみよう。両方が入った問題ができたらすごいですね。

4 友だちが作った問題を解いてみよう

T　①〜⑤は，それぞれ「0 を消す」「0 をつけ加える」どちらの問題になっているでしょうか。

個人で計算する時間をとる。

C　①は，0 を消す問題だね

C　②は，0 をつけ加える問題だ。

C　③④⑤は，0 を消すと 0 をつけ加える，両方が入っているよ。

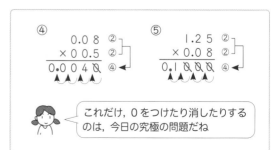

④
```
      0.0 8  ②
×   0 0.5   ②
  0.0 0 4 0  ④
```

⑤
```
      1.2 5  ②
×     0.0 8  ②
  0.1 0 0 0  ④
```

これだけ，0 をつけたり消したりするのは，今日の究極の問題だね

ふりかえりシートが活用できる。

本時の目標 | かける数が1よりも大きい場合，1よりも小さい場合によって，積がかけられる数よりも大きくなったり小さくなったりすることが理解できる。

板書例

積の大きさを考えよう

> 1mの重さが2.1gの針金があります。
> この針金の □ mの重さは何gですか。

1 〈1.2mの場合〉

2.1g	?g
1m	1.2m

式　$2.1 \times 1.2 = 2.52$

答え　2.52g

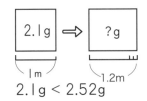

$2.1g < 2.52g$

積はかけられる数2.1より大きくなる

2 〈0.6mの場合〉

2.1g	?g
1m	0.6m

式　$2.1 \times 0.6 = 1.26$

答え　1.26g

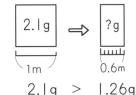

$2.1g ＞ 1.26g$

積はかけられる数2.1より小さくなる

POINT　数字や言葉だけでなく図を使って積の大小を視覚化します。被乗数と積を分けて表すことで，両者を見比べることができ

---

1 1mが2.1gの針金の1.2mの重さは何gですか

問題文を提示する。

T　表に整理してかいてから，立式しましょう。

2.1g	?g
1m	1.2m

表に整理すると，求めるのが「全体の量」だとわかるね

「全体の量」を求めるのはかけ算だ
式は，2.1×1.2で，答えは2.52gです

T　図に表して，かけられる数と積の大きさを比べてみましょう。

C　積は，かけられる数の2.1gより大きいのがわかるね。

針金の重さを実際に量って確かめてみると，納得できる。

2 1mが2.1gの針金の，0.6mの重さは何gですか

C　式は，2.1×0.6で答えは1.26 gです。

T　積が2.1 gよりも軽くなったけどいいのですか。

C　積がかけられる数より小さいことはあったよ。

T　図をかいて大きさを比べてみましょう。

1mよりも短いから，2.1 gよりも軽くなるのは当たり前だね

図に表すと2.1 gよりも小さくなることが納得できた

0.6mの針金の重さを実際に量って確かめる。

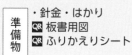
3 〈 かける数と積の大きさの関係をまとめよう 〉

かける数が１より大きい	かける数が１	かける数が１より小さい
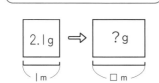 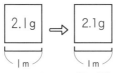 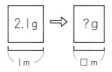

積はかけられる数（2.1）より大きい　　積とかけられる数（2.1）は同じ　　積はかけられる数（2.1）より小さい

⑦　5 × 1　　　　積 > 5 （　ⓌⓄ　）

④　5 × 0.9

Ⓦ　5 × 1.1　　　積 = 5 （　⑦　）

Ⓔ　5 × 0.85

Ⓞ　5 × 2.08　　　積 < 5 （　④Ⓔ　）

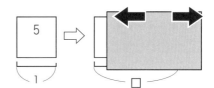

ます。

3　かける数と積の大きさの関係をまとめよう

T　かける数が１よりも大きいと積はどうなりますか。

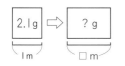

かけられる数よりも大きくなる

T　かける数が１だと積はどうなりますか。

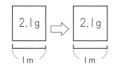

かけられる数と，同じですね

T　かける数が１より小さいと積はどうなりますか。

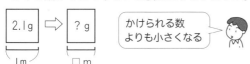

かけられる数よりも小さくなる

学習のまとめをする。

4　次の式の積を，かけられる数の5と比べて分けましょう

T　次の式を，積と５の関係で分けましょう。

⑦　5 × 1　　④　5 × 0.9　　Ⓦ　5 × 1.1

Ⓔ　5 × 0.85　　Ⓞ　5 × 2.08

C　かける数が１より大きいか小さいかで分けることができるね。かける数が１であれば積は５だね。

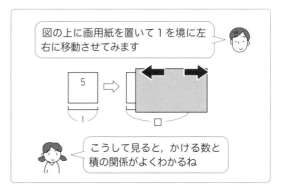

図の上に画用紙を置いて１を境に左右に移動させてみます

こうして見ると，かける数と積の関係がよくわかるね

ふりかえりシートが活用できる。

板書例

面積や体積を求めよう

1 〈面積を求めよう〉

式　$2.3 \times 3.1 = 7.13$

答え　7.13cm^2

2 〈たしかめよう〉

図 A

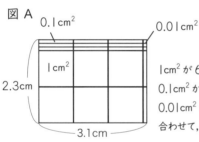

1cm^2 が 6 まいで 6cm^2
0.1cm^2 が 11 本で 1.1cm^2
0.01cm^2 が 3 こで 0.03cm^2
合わせて，7.13cm^2

図 B

0.01cm^2 が $\underline{23} \times \underline{31} = 713$（こ）

答え　7.13cm^2

POINT　小数であっても面積や体積の公式が適応できることに，子どもたちは何となく気がついています。図に表すことで確かな

---

1 長方形の面積を求めよう

問題の図を提示する。

T　縦の長さは 2.3cm，横の長さは 3.1cm です。

> 小数でも，整数と同じように公式が使えるのかな

> 長方形の面積を求める公式は「縦 × 横」だから，2.3×3.1 でいいと思うよ

C　$2.3 \times 3.1 = 7.13$　答えは 7.13cm^2 です

C　本当にこれでいいのか確かめてみよう。

T　図に表して，調べてみましょう。

2 2.3×3.1の図をかいて確かめよう

C　図 A を見たら，1cm^2 が 6 枚，0.1cm^2 が 11 本，0.01cm^2 が 3 個 で 7.13cm^2 になるね。

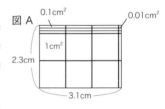

図 A

T　全体を 0.01cm^2 に分けて考えよう。

> 0.01cm^2 が縦に 23 個，横に 31 個並ぶから，$23 \times 31 = 713$
> 0.01cm^2 が 713 個と考えて 7.13cm^2 です

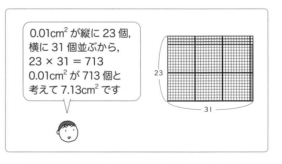

辺の長さが小数でも，公式が適用できることがわかる。

3 〈 体積を求めよう 〉

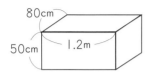

〈 cm にそろえて 〉

式　$80 × 120 × 50 = 480000$

$1m^3 = 1000000cm^3$

$480000cm^3 = 0.48m^3$

〈 m にそろえて 〉

式　　$0.8 × 1.2 × 0.5 = 0.48$

答え　$0.48m^3$

4

まとめ｜面積や体積を求めるときに，辺の長さが小数でも 公式を使って求めることができる。

ものにします。

3 直方体の体積を求めよう

　問題の図を提示する。

T　長さが cm と m で表されているから，どちらかの 単位にそろえて計算しましょう。

 単位をcmにそろえて求めました。
$80×120×50=480000$
$480000cm^3$ です。
$1m^3 = 1000000cm^3$ だから
$480000cm^3 = 0.48m^3$ になります

単位をmにそろえて求めました。
式は，$0.8×1.2×0.5 = 0.48$
答えは $0.48m^3$ です

C　答えは，どちらも $0.48m^3$ になった。

4 学習のまとめをしよう

T　単位をどちらにそろえて計算した方が便利でし たか。

C　「何 m^3 ですか」と聞かれているのでmにそろえ て計算した方が便利でした。

C　cmで計算すると，数が大きくなるし，後で単位を 「m^3」になおすのは大変です。

T　mと cm どちらの方法で求めても答えは同じでし た。体積も面積も，辺の長さが小数であっても公式 を使って求めることができます。

　学習のまとめをする。

　ふりかえりシートが活用できる。

板書例

計算のきまりをみつけよう

1 〈花畑の面積を求めよう〉

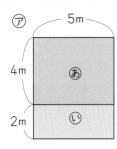

A　㋐と㋑の面積をたす
　　$4 × 5 + 2 × 5 = 30$

B　たての長さをまとめる
　　$(4 + 2) × 5 = 30$
　　　　　　　　$\underline{30㎡}$

$4 × 5 + 2 × 5 = (4 + 2) × 5$

2

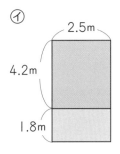

A　それぞれの面積を求めてたす
　　$4.2 × 2.5 + 1.8 × 2.5 = 15$

B　たての長さをまとめる
　　$(4.2 + 1.8) × 2.5 = 15$
　　　　　　　　　$\underline{15㎡}$

$4.2 × 2.5 + 1.8 × 2.5 = (4.2 + 1.8) × 2.5$

POINT　教科書では交換法則から扱っていますが，本書では最も習得率が低い「結合，分配法則」から始めます。もう一度，整数に

---

1 花畑㋐の面積を2つの方法で求めよう

問題の図㋐を提示する。

A　㋐と㋑の面積をそれぞれ求めてから合わせる方法があるね。
　　4×5+2×5=30　30m²

B　先に，縦の長さを合わせて求める方法もあるよ
　　(4+2)×5=30　30m²

T　答えが同じだから，$4 × 5 + 2 × 5 = (4 + 2) × 5$ですね。

C　4と2に別々に5をかけてたしても，4と2をたしてから5をかけても同じということだね。

C　本当にこれでいいのか確かめてみよう。

　　上記は4年生の学習内容。4年では整数，5年では小数，6年では分数で同じように計算のきまりが成り立つことを学習する。中でも結合・分配法則でのつまずきが多いので，ふりかえりの学習から始める。

2 花畑㋑の面積を2つの方法で求めよう

問題の図㋑を提示する。

T　長さが小数になっても，整数と同じように計算できるかやってみましょう。

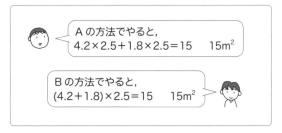

Aの方法でやると，
4.2×2.5+1.8×2.5=15　15m²

Bの方法でやると，
(4.2+1.8)×2.5=15　15m²

C　どちらも答えが同じになったね。

C　小数でも，$4.2 × 2.5 + 1.8 × 2.5 = (4.2 + 1.8) × 2.5$が成り立ちます。

T　これを□と○と△を使って書いてみます。
　　$□ × △ + ○ × △ =$　この続きを書いてみましょう。

C　$□ × △ + ○ × △ = (□ + ○) × △$です。

3　〈 7.9 × 2.5 × 4 〉

$$7.9 \times 2.5 \times 4 = 7.9 \times (2.5 \times 4)$$
$$= 7.9 \times 10$$
$$= 79$$

計算のきまり

$$□ \times △ + ○ \times △ = (□ + ○) \times △ \cdots\cdots Ⓐ$$
$$□ \times △ - ○ \times △ = (□ - ○) \times △ \cdots\cdots Ⓑ$$
$$(□ \times ○) \times △ = □ \times (○ \times △) \cdots\cdots Ⓒ$$
$$□ \times ○ = ○ \times □$$

4　〈 計算のきまりを使って工夫して計算 〉

① $9.8 \times 3 \cdots\cdots$ Ⓑ

$$9.8 \times 3 = (10 - \boxed{0.2}) \times 3$$
$$= 10 \times 3 - \boxed{0.2} \times 3$$
$$= 29.4$$

② $1.2 \times 6.8 + 3.8 \times 6.8 \cdots\cdots$ Ⓐ
$$= (1.2 + 3.8) \times 6.8$$

③ $5.3 \times 4 \times 2.5 \cdots\cdots$ Ⓒ
$$= 5.3 \times (4 \times 2.5)$$

戻り，考え方を学習するようにします。

3　7.9×2.5×4を楽に計算する方法を考えよう

C　全部かけ算だから，順番を変えて計算しても良かった。

2.5×4を先に計算すると，楽に出来そうだよ

2.5×4=10
7.9×10=79と簡単に計算できたよ。
7.9×2.5を先にしても答えは同じだね

T　これも□と○と△で書いてみます。
　（□×○）×△　この続きを書いてみましょう。
C　（□×○）×△＝□×（○×△）

　　計算のきまりをまとめる。

4　①②③を計算のきまりを使い，工夫して計算してみよう

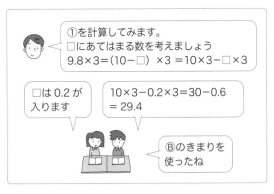

①を計算してみます。
□にあてはまる数を考えましょう
9.8×3＝（10－□）×3 ＝10×3－□×3

□は0.2が入ります

10×3－0.2×3＝30－0.6
= 29.4

Ⓑのきまりを使ったね

T　②の $1.2 \times 6.8 + 3.8 \times 6.8$ はⒶを使って，③の $5.3 \times 4 \times 2.5$ は，Ⓒを使って計算しましょう。

　正しい答えを導けるなら，前から順に計算しても問題はない。苦手と感じる子には「絶対にこうしなさい」と押し付けないようにしたい。

　ふりかえりシートが活用できる。

小数のわり算

◎ 学習にあたって ◎

＜この単元で大切にしたいこと＞

　3年生，4年生で学習した整数の除法（等分除）では，等分割して分離量の1あたり量を求めました。5年生の小数の除法ではそれを発展させて，小数で表される長さやかさ，面積といった連続量の1あたり量を求めることになります。この単元では，量を反映した図を活用することです。具体的な場面を図を使って可視化し，半具体的な場面を操作しながら，除数が小数になっても整数と同じように除法が成り立つことを理解することが大切です。小数点の位置を決める計算の仕方や，除数が真小数の場合に商が被除数よりも大きくなることも，数字や言葉だけでなく，図で視覚化しながら考えるようにしましょう。子どもたちも図を使って説明できるようにします。そして，図は表にすることで，一般化できるようになります。

＜数学的見方考え方と操作活動＞

　問題の場面を図に表すことが，主な操作活動です。除数が小数である除法の意味や，筆算における小数点の位置，そして除数が真小数ならば商が被除数よりも大きくなることも，数字だけでなく量が見える図を構成し，図を分割し，それを数字と対応させながら考えることで明らかにします。図を構成したり，分割することで，十進位取り記数法の仕組みが小数でも有効に活用されるようになります。また，図を一般化した表に表すことも大切です。乗法と2つの除法（等分除と包含除）のどの問題の場面なのか，数量を表に整理することで容易に立式することができるようになります。

＜個別最適な学び・協働的な学びのために＞

　「÷2.4」や「÷0.3」をイメージすることやその意味については，図にすることで可視化できるようになります。それを活用することで，考えたり話し合ったりすることが容易になるでしょう。子どもが説明する場合も，図を使って行えるように準備し，支援します。小数の乗除になると，立式でつまずく子どもが増えます。何の手がかりも持たなければ当然です。そこで，乗除の問題の場面を図を抽象化した表に表すことでどの子も立式できるようにします。そのためにも図や表を子どもたち自身が表せるように積極的に活用しましょう。

◎ 評 価 ◎

知識および技能	除数が小数の場合における除法の計算の意味や計算の仕方について理解し，除法の計算ができるようになる。
思考力，判断力，表現力等	除数が小数の場合における除法の意味や計算の仕方について，図や表を用いて考えて説明することができる。
主体的に学習に取り組む態度	除数が小数の場合について，計算の意味を図を使って量的に考えたり，整数の場合を基に一般化して考えたりする。

時	題	目　　標
1	整数÷小数の計算	小数でわるときの計算方法を考え，1あたり量を求めることができる。
2	小数÷小数の筆算の方法	小数÷小数の筆算の方法を考えることができる。
3	小数÷真小数	真小数でわることの意味を理解し，立式と計算ができるようになる。
4	筆算のいろいろな型	小数でわるいろいろなタイプの筆算の仕方を理解し，計算ができるようになる。
5	商を概数で表す	小数のわり算でわり切れない場合，商を四捨五入して概数で求めることができるようになる。
6	あまりのあるわり算	問題の場面から，商は整数で求めることや，あまりの小数点の位置を，その大きさから考えることができる。また，検算をすることができる。
7	かけ算わり算の文章問題①	小数の乗除の文章問題を表に整理することで立式し，解決することができる。
8	かけ算わり算の文章問題②	真小数の乗除の文章問題を表に整理することで立式し，解決することができる。
9	積や商の大きさ	小数（真小数）でわったり，かけたりしたときの被除数と商，被乗数と積の大きさの関係をまとめて理解することができる。

1m あたりの代金を求めよう

1　リボンを 2.5m 買うと，代金は 300 円でした。このリボン 1m のねだんは何円ですか。

〈□が 2m の場合〉　　　$300 ÷ 2 = 150$　　150 円

〈□が 3m の場合〉　　　$300 ÷ 3 = 100$　　100 円

[全体の代金] ÷ [長さ] = [1m のねだん]

〈□が 2.5m の場合〉　$300 ÷ 2.5 = \boxed{}$

2　〈図を使って考えよう〉

A　0.5m ずつに区切る方法

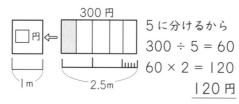

5 に分けるから
$300 ÷ 5 = 60$
$60 × 2 = 120$
120 円

B　0.1m ずつに区切る方法

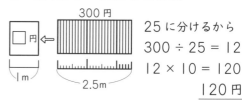

25 に分けるから
$300 ÷ 25 = 12$
$12 × 10 = 120$
120 円

POINT　わる数が小数になっても，既習の内容を生かし，何とか答えを求めようとすることを大切に進めましょう。

1　□の数が 2m や 3m の場合から考えよう

問題文を提示する。

C　2 m だと，$300 ÷ 2 = 150$ になります。

C　3 m だと，$300 ÷ 3 = 100$ になります。

T　では，2.5 m だとどんな式になりますか。

小数でも整数と同じように
[全体の代金]÷[長さ] = [1m の値段]
で式を書けばいいよ

式は
$300 ÷ 2.5$ だね

T　$300 ÷ 2.5$ で 1m の値段は何円ぐらいになるか予想してみましょう。

C　$300 ÷ 2 = 150$　そして $300 ÷ 3 = 100$ だから，$300 ÷ 2.5$ は，中間の 125 円ぐらいだと思う。

2　図に表して 1m あたり値段を求めよう

T　かけ算と同じような図ですが，わり算で求めるのは 1m あたりの値段です。

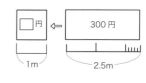

A　2.5m を 0.5m ずつに区切って考えよう。
$300÷5=60$
1m はその 2 つ分
$60×2=120$

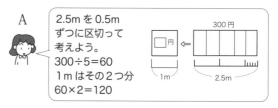

B　2.5m を 0.1m ずつに区切って考えよう。
$300 ÷ 25 = 12$
1m はその 10 こ分
$12×10=120$

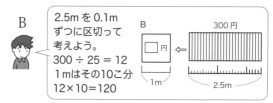

3 C わり算のきまりを使う方法

$300 \div 2.5$

↓10倍　↓10倍

$3000 \div 25 = 120$

わられる数とわる数に同じ数をかけても答えは変わらない。

まとめ

・小数でも整数と同じように立式できる。

・小数でわる計算も，整数でわる計算にして答えを求めることができる。

4

1.8m で代金は 360 円のリボンがあります。このリボン 1m のねだんは何円ですか。

式　$360 \div 1.8$

答え 200 円

（0.1m のねだんから）

18 に分けることになるから

$360 \div 18 = 20$

$20 \times 10 = 200$

（わり算のきまりで）

$3600 \div 18 = 200$

---

3 いろいろな考え方について話し合おう

C かけ算のときも 0.1 あたりで考えました。わり算でも，まず 0.1m に区切って考えています。

C 0.5m に区切るのもいいアイデアだと思います。

T その他の考えはありますか。

わり算のきまりを使って考えました。わられる数とわる数に同じ数をかけても答えは変わらないので，

$300 \div 2.5$

↓10倍　↓10倍

$3000 \div 25 = 120$　となり，

答えは 120 円になります。

C

C どの考え方にも共通していることは何ですか。

C どれも整数でわる計算にしています。

C 小数でわる計算を工夫して，整数でわる計算にしていますね。

学習のまとめをする。

4 自分がいちばんいいと思った方法で次の問題をしてみましょう。

問題文を提示する。

C 式は，　$360 \div 1.8 = 200$

C 0.5 mで区切る方法は，この問題ではできない。

C 0.1mで区切る方法だと

$360 \div 18 = 20$

$20 \times 10 = 200$

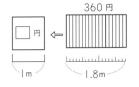

C わられる数もわる数も 10 倍にして，わる数を整数にして計算する方法だと，　$360 \div 1.8$

↓10倍　↓10倍

$3600 \div 18 = 20$

ふりかえりシートが活用できる。

第 2 時

小数÷小数の筆算の方法

[本時の目標] 小数÷小数の筆算の方法を考えることができる。

板書例

小数÷小数の計算方法を考えよう

1

1.5m の鉄のぼうの重さは 1.8kgでした。
この鉄のぼうの 1m の重さは何kgですか。

式 1.8 ÷ 1.5

図

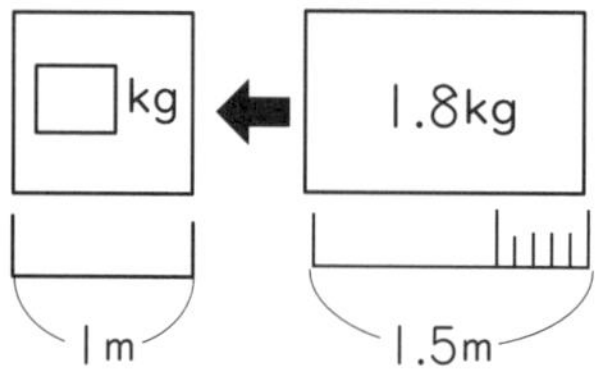

□kg
1.8kg
1m
1.5m

表

1あたり量	全体の量
□ kg	1.8kg
1m	1.5m
	いくら分

2 ㋐ 0.1m の重さを求めてから 1m の重さを求める方法

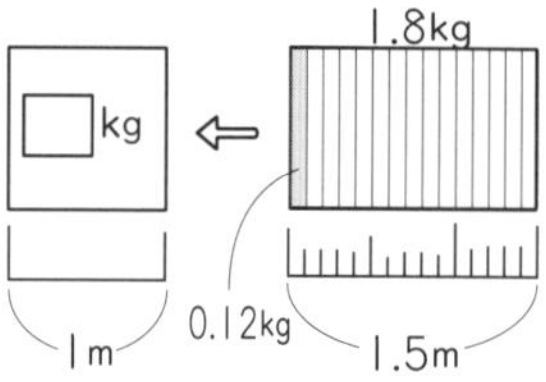

1.8kg
□kg
0.12kg
1m
1.5m

図から 15 に分ける
1.8 ÷ 15 = 0.12
0.12 × 10 = 1.2

1.2kg

㋑ わり算のきまりを使って求める方法

1.8 ÷ 1.5
↓10 倍 ↓10 倍
18 ÷ 15 = 1.2

1.2kg

POINT 教科書にある図よりもわかりやすい図や表を使って立式できるようにします。計算の考え方や図と結びつけながら筆算の

1 問題文を読み，図や表に表してから立式しよう

問題文を提示する。

T 問題の場面を図に表してみます。かけ算のときに作った表と同じようになりますね。

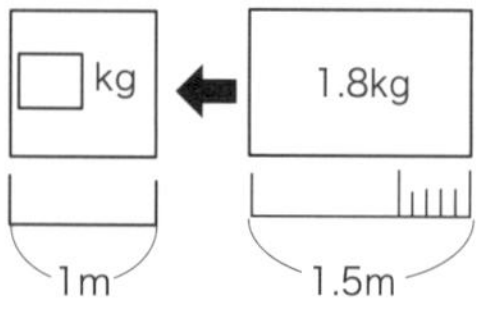

□kg
1.8kg
1m
1.5m

□ kg	1.8kg
1m	1.5m

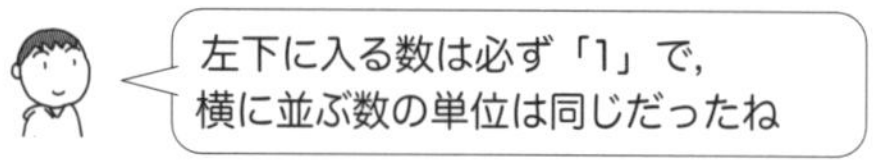

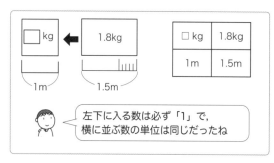

左下に入る数は必ず「1」で，
横に並ぶ数の単位は同じだったね

C 1あたりを求めるときは，わり算になるから，式は 1.8kg ÷ 1.5m になります。

2 前時の方法を振り返って答えを求めよう

0.1m の重さを求めてから 1m の重さを求める方法

㋐

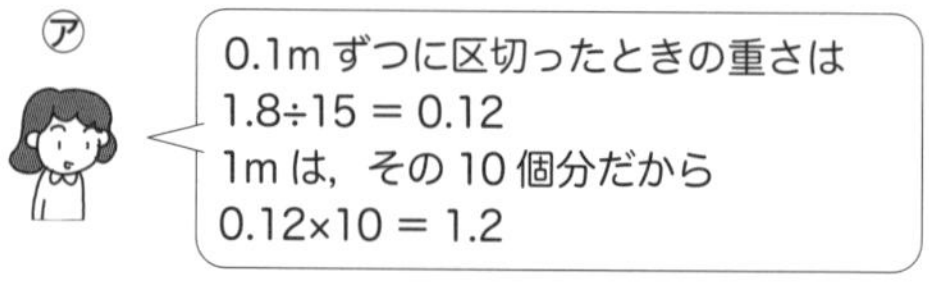

0.1m ずつに区切ったときの重さは
1.8÷15 = 0.12
1m は，その 10 個分だから
0.12×10 = 1.2

わり算のきまりを使って求める方法

㋑

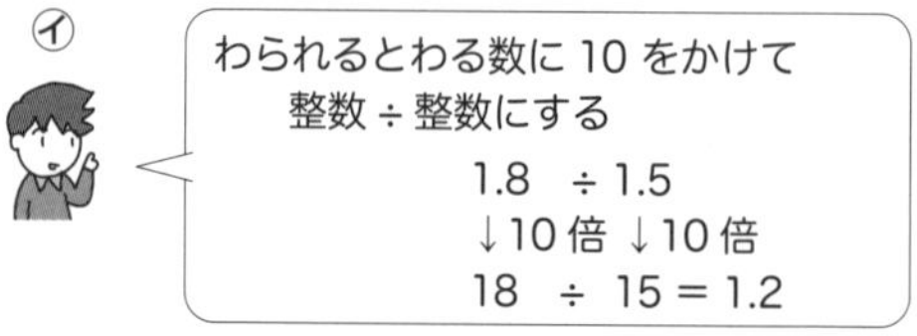

わられるとわる数に 10 をかけて
整数 ÷ 整数にする
1.8 ÷ 1.5
↓10 倍 ↓10 倍
18 ÷ 15 = 1.2

わり算のきまりを使う方法を図に表すと下のようになる。
(「1 あたり量」は重要な量になるので別にしておく。)

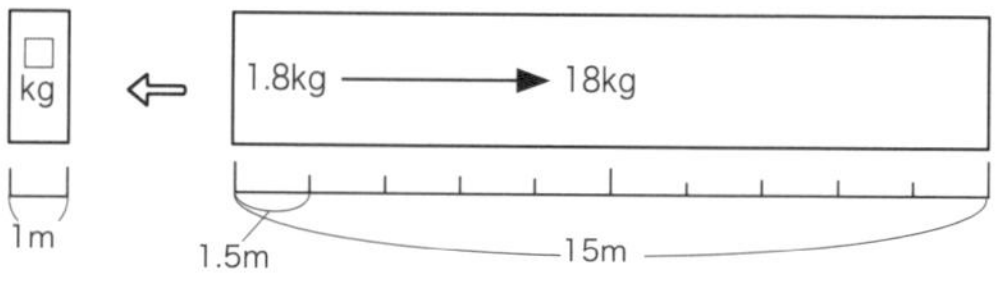

□
kg
1.8kg
18kg
1m
1.5m
15m

準備物	
	[QR] 板書用図 [QR] ふりかえりシート

ICT	
	表計算機能を使って1あたり量と全体量の関係を表す表を作って配信すると，子どもたちはそれぞれの数値を入力して，その関係性に目を向けることができる。

3 〈筆算の方法を考えよう〉

㋐ 0.1mの重さを求めてから1mの重さを求める方法で

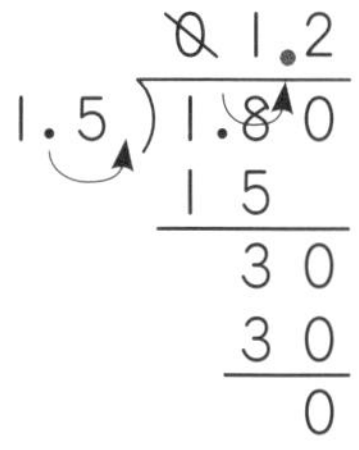

① 1.8 ÷ 15 = 0.12
（求めたのは0.1mあたり）

② 0.12を10倍して1mあたりを求める。
（商の小数点を1つ右へ移動する）

4 ㋑ わり算のきまりを使って求める方法で

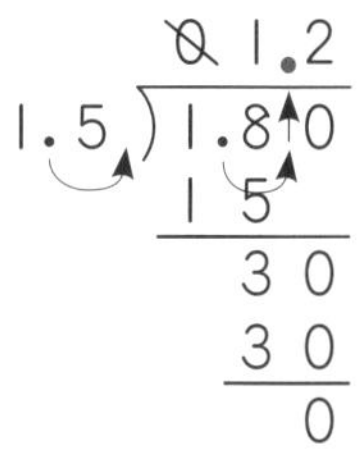

① どちらも10倍してわる数を整数にして計算する。
18 ÷ 15
（わる数もわられる数も小数点を右へ1つ移動）

② 18 ÷ 15 = 1.2

方法を考えるようにします。

3 ㋐の「0.1mの重さ求めてから・・・」の場合の筆算の方法を考えよう

① 0.1mをもとにするので1.8kgを15でわる。わる数の小数点を移動する。

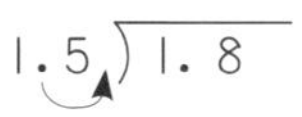

② 1.8÷15の計算をする。小数点をそのまま上にあげると，0.12になる。

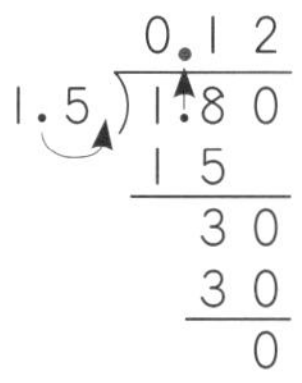

③ 0.12は0.1mあたりの重さ。1mあたりの重さはその10個分（10倍）なので小数点を右へ1桁移動する。答えは1.2になる。

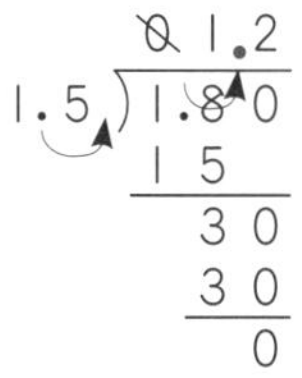

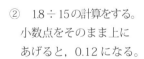

4 ㋑の「わり算のきまりを使って・・・」の場合の筆算の方法を考えよう

① わる数もわられる数も10倍して整数にする。

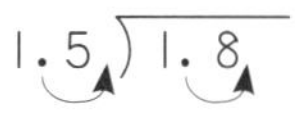

② 18÷15の計算をする。小数点は10倍した位置からそのまま上にあげる。
答えは，1.2になる。

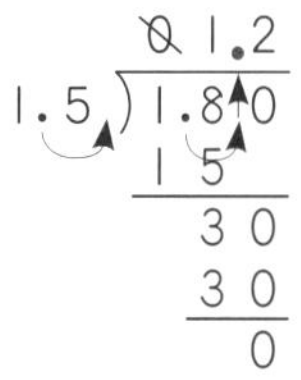

時間があれば練習問題をする。

㋐と㋑の2通りの筆算の方法を考えたが，筆算だけで考えると小数点の移動の仕方の違いになる。教科書では，㋑の筆算の方法だけが取り上げられているが，どちらでも納得できた方法でできればいいと考える。本書でも，形式的に小数点の移動ができる㋑の方法に合わせるが急いで㋑の方法に揃える必要はない。

ふりかえりシートが活用できる。

小数÷真小数

板書例

1m あたりの重さを求めよう

1 　0.4m の鉄のぼうの重さは 1.4kg でした。この鉄のぼうの 1m の重さは何kgですか。

	1あたり量	全体の量
	□ kg	1.4kg
	1m	0.4m

いくら分

式　1.4 ÷ 0.4 = 3.5
　　　　　　　3.5kg

いいのかな？
3.5kg > 1.4kg
商　　わられる数

2

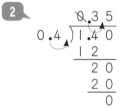

0.1m あたりの重さを求めてからの計算

整数の式に直してからの計算

3 　〈図でたしかめよう〉

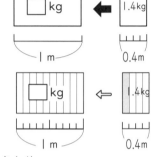

0.1m あたり
　1.4 ÷ 4 = 0.35　　0.35kg
1m あたり
　0.35 × 10 = 3.5　　3.5kg

POINT わり算をすれば「分ける，減る，小さくなる」というイメージをここで払拭しましょう。

1 　問題文を4マス表に整理してから立式しよう

問題文を提示する。

左下は，必ず1が入って，横の単位は同じだった

表にかけば，どんな式になるかわかるね。1.4 ÷0.4 になります

C　「1あたり量」を求めるからわり算です。

C　前時の図でも，表の右上の重さを右下の長さでわって，1mの重さを求めています。

C　2mで6kgという の整数の場合に置き直してみたら，1mの重さは6 ÷ 2で求められます。

T　自信をもって式を書くために，これからも表をかくといいですね。

2 　まず，自分で筆算をしてみましょう。

0.1 mあたりの重さを求めてから 1mあたりの重さを求める方法でやってみたよ

1.4÷0.4 を14÷4 にして計算する方法でやってみたよ

C　答えは，3.5kgになりました。

T　本当に 3.5kg でいいですか。わり算なのに商がわられる数の1.4kgよりも大きくなっています。わり算を したら商は，わられる数より小さくなるのではないですか？

C　3.5kg でいいと思うけどなあ。

4 〈わられる数と商の大きさを比べながら計算しよう〉

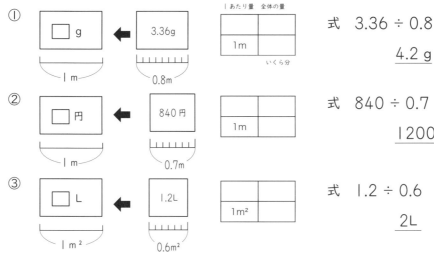

① 式　3.36 ÷ 0.8
　　　　　4.2 g

② 式　840 ÷ 0.7
　　　　　1200 円

③ 式　1.2 ÷ 0.6
　　　　　2L

まとめ　｜よりも小さな数でわると，「商＞わられる数」になる。

3　図をかいて商の大きさをたしかめよう

T　（図をかきながら，）
　わかっているのは 0.4m が
　1.4kg ということです。
　求めたのは，1m あたりの
　重さですね。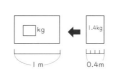

C　図を見ると商の 1m あたりの重さの方が 1.4kg より大きくなるのがよくわかります。

T　もう少し詳しくみてみます。
　0.1m あたり何 kg ですか。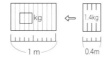

C　1.4 ÷ 4 ＝ 0.35　0.35kg

C　1m あたりは，
　0.35 × 10 ＝ 3.5　3.5kg
　わられる数よりも大きくなります。

　「かけ算＝増える」「わり算＝減る」というイメージから抜け出すには，図に表すことが何より有効。

4　真小数でわると「わられる数 ＜ 商」になることを確かめながら問題を解こう

　ワークシートを利用して学習する。

T　図に必要な数字をかいてから問題を解きましょう。

> ①　0.8m で 3.36g の針金があります。
> 　　この針金 1m の重さは何 g ですか。
> ②　0.7m の長さが 840 円のホースがあります。
> 　　このホース 1m の値段は何円ですか。
> ③　0.6m² の畑に 1.2L の水をまきました。
> 　　1m² あたり何 L の水をまいたことになりますか。

　学習のまとめをする。

　ふりかえりシートが活用できる。

筆算のいろいろな型

小数でわるいろいろなタイプの筆算の仕方を理解し，計算ができるようになる。

板書例

「÷小数」の筆算をマスターしよう

1

①
$$5.6 \overline{\smash{\big)}\ 39.2}$$
商 7，39 2，0

商が整数

②
$$3.2 \overline{\smash{\big)}\ 2.2\,4}$$
商 0.7，2 2 4，0

一の位に 0 をつける

2

③
$$2.4 \overline{\smash{\big)}\ 6.0\,0}$$
商 2.5，4 8，1 2 0，1 2 0，0

わられる数が整数
わり進む

④
$$3.2 \overline{\smash{\big)}\ 2.4\,0\,0}$$
商 0.75，2 2 4，1 6 0，1 6 0，0

わり進む

POINT 筆算をして子どもたちがつまずくところを取り上げています。ですから，間違えて当然です。間違いを宝にして学習を進め

---

1 次の筆算に挑戦しましょう。(1)
どんな特徴がある筆算でしょうか。

① 39.2 ÷ 5.6

商が整数になります

② 2.24 ÷ 3.2

一の位が何もない

0と小数点を書かないといけないね

　まずは，ひとりで挑戦する時間をとり，各人でできたらペアなどで相談する時間をとる。
　（小数点の打ち方は，先に小数点を移動させて計算する方法だけを表示している。）

2 次の筆算に挑戦しましょう。(2)
どんな特徴がある筆算でしょうか。

③ 6 ÷ 2.4

わられる数が整数だよ

0をつけ足して，わり進む計算だね

④ 2.4 ÷ 3.2

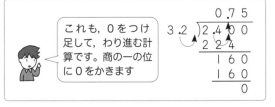

これも，0をつけ足して，わり進む計算です。商の一の位に0をかきます

　はじめは間違っても問題ない。間違いの多かった問題は，次に生かせるように全体で共有する。

準備物
[QR] ワークシート
[QR] ふりかえりシート

ICT
ワークシートのデータを配信し，子どもたちが筆算の仕方を記入するようにすると，全体共有がしやすく，子どもがどの程度理解できているか見取りやすくなる。

3

⑤
```
        1 3 0
0.0 4 ) 5.2 0
        4
        1 2
        1 2
          0
```

⑥
```
          1 3
0.6 4 ) 8.3 2
        6 4
        1 9 2
        1 9 2
            0
```

わる数が小数第２位までの小数　　小数点を２けた移動する

4 〈ワークシートで練習しよう〉

まとめ
小数点の移動をまちがえずにする。
0をつけたして，位取りを正しく計算する。

ましょう。（板書や解説では，教科書に合わせた小数点の移動の仕方を表示しています。）

3 次の筆算に挑戦しましょう。(3) どんな特徴がある筆算でしょうか。

⑤ 5.2 ÷ 0.04　⑥ 8.32 ÷ 0.64

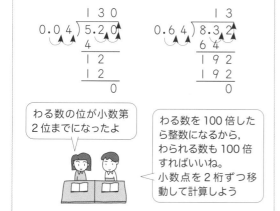

```
        1 3 0                 1 3
0.0 4 ) 5.2 0       0.6 4 ) 8.3 2
        4                   6 4
        1 2                 1 9 2
        1 2                 1 9 2
          0                     0
```

わる数の位が小数第２位までになったよ

わる数を100倍したら整数になるから，わられる数も100倍すればいいね。小数点を２桁ずつ移動して計算しよう

⑤について，　まず, 4でわる。　5.2 ÷ 4 = 1.3　　1.3は，0.01あたり量だから，1あたり量を求めるには，100倍する。

1.3 × 100 = 130

(小数点を右へ２つ移動する)・・・とも考えられる。

4 計算練習をしましょう。

T　ワークシートを使って計算練習をしましょう。

① 29.6 ÷ 7.4　② 40.8 ÷ 6.8　商が小数
③ 2.88 ÷ 3.2　④ 5.39 ÷ 7.7
商の一の位が0
⑤ 8 ÷ 2.5　わられる数が整数
⑥ 6.15 ÷ 8.2　⑦ 2.38 ÷ 2.8　わり進み
⑧ 1.78 ÷ 0.08　⑨ 6.3 ÷ 0.84
わる数が小数第２位までの小数

小数のわり算で注意することは，小数点の移動と0の処理。0を補ったり，消したりする操作を丁寧にするように伝えたい。

学習のまとめをする。

ふりかえりシートが活用できる。

商を概数で表す

板書例

1Lの重さを求めよう

① 2.3Lの砂の重さは3.85kgでした。この砂の1Lの重さは何kgですか。

□kg	3.85kg
1L	2.3L

← わり算で求める

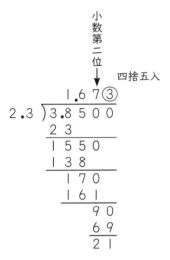

小数第二位
四捨五入

```
          1.6 7③
    2.3 ) 3.8 5 0 0
           2 3
           1 5 5 0
           1 3 8
             1 7 0
             1 6 1
                 9 0
                 6 9
                 2 1
```

② 式　3.85 ÷ 2.3

答え　約1.67kg

まとめ　商がわり切れないときなどは，四捨五入して商をがい数で表すことがある。

POINT　実際に砂の重さを量ることで，実感を伴った学習にしましょう。

1　問題文を表に整理してから立式しよう

問題文を提示する。

□kg	3.85kg
1L	2.3L

1Lあたりの重さを求めるからわり算だね

右上の数が，いつもわられる数になるね

C　問題文を表に整理できれば，迷わずに式が書けるね。

C　式は，3.85 ÷ 2.3です。

　事前に重さを量って数値を決めておく。およその数値が求められればいいので，台秤を使用する。

2　3.85÷2.3を筆算でしてみよう

C　わり進んでもわり切れそうにありません。

T　わり切れないときは，どうすればいいですか。

C　四捨五入で概数にすればいいと思います。

どこの位までの概数にしたらいいでしょうか

わられる数と同じの小数第2位までの概数にしたらいいと思います

小数第3位を四捨五入して，1.673 → 1.67　答えは，約1.67kgです

　1Lの砂を実測して約1.67kgになることを示すと，子どもたちが納得しやすい。

　学習のまとめをする。

| 準備物 | ・砂（1L，1.4L，2.3L）
・台秤（4kgまで量れるもの）
 ふりかえりシート |

| I
C
T | 子どもがノートにかいた式や表、筆算を写真撮影し、共有機能を使って全体共有すると、商が割り切れない時の扱いについて対話的に思考を深めていきやすい。 |

3

| 1Lの重さが約1.67kgの砂があります。
この砂の1.4Lの重さは何kgですか。 |

約1.67kg	□ kg
1 L	1.4L

かけ算で求める

式

$$1.67 \times 1.4$$

答え　約2.338kg（約2.34kg）

4

| 1.5mの重さが5.2kgの鉄のぼうがあります。
この鉄のぼう1mの重さは約何kgですか。
答えは上から2けたのがい数で表しましょう。 |

□ kg	5.2kg
1m	1.5m

式

$$5.2 \div 1.5$$

答え　約3.5kg

---

3 同じ砂1.4Lの重さを求めてみましょう

約1.67kg	□ kg
1 L	1.4L

ここを求めるときは、かけ算だったね。

式は、1あたりの数×いくら分だから、1.67×1.4だね

C　計算すると、答えは約2.338kgです。（約2.34kg）

T　実際に、1.4Lの重さを量ってみましょう。

C　本当にだいたい2.34kgになるね。

　このように、わり算の学習の中にかけ算の問題を入れることで乗除の立式ができるようにする。表に整理することが決め手となる。

4 答えを上から2けたの概数で求めよう

問題文を提示する。

T　表に整理してから立式しましょう。

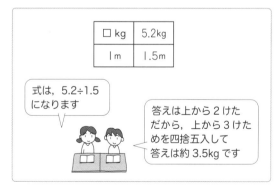

□ kg	5.2kg
1m	1.5m

式は、5.2÷1.5になります

答えは上から2けただから、上から3けためを四捨五入して答えは約3.5kgです

ふりかえりシートが活用できる。

あまりのあるわり算

板書例

ロープが何本とれるか考えよう

	1あたり量	全体の量
	1.5m	5.6m
	1本	□本

いくつ分

1 　5.6m のテープから 1.5m のテープは何本とれますか。また，あまりは何 m ですか。

式　5.6 ÷ 1.5

2 　あまりは何 m ですか

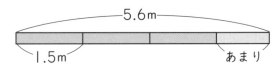

5.6m

1.5m　　　　　あまり

3

```
        3    ← 商は整数
1.5)5.6
    4 5
    1 1    ← あまりは，わられる数
            のもとの小数点の位置
            で下へおろす
```

〈答えのたしかめ〉

1.5 × 3 + 1.1 ＝ 5.6
わる数 × 商 ＋ あまり＝わられる数

答え　3本あまり 1.1m

POINT　具体的な場面を考えて，商は整数で求めるというところから，子どもたちが気づけるようにしましょう。

1　問題文を表に整理してから立式しよう

問題文と 5.6m の実物のテープを提示する。

T　このテープを 1.5m ずつ切っていくのですね。

1本が1.5mになるから，表にするとこうなるよね

1.5m	5.6m
1本	□本

今までとは求めるところの□の場所が違うね

C　「いくつ分」を求めるわり算だよ。
　　式は，5.6 ÷ 1.5 です。
　　1あたり量を求めるわり算（等分除）といくら分（いくつ分）を求めるわり算（包含除）があることを再確認する。小数のわり算では，等分除の場合にあまりを求めることはない。包含除で整数の商を求める場合に限られる。

2　筆算をして答えを求めましょう。

C　この計算もわり切れないな。

C　わり切れないから，概数で求めようかな。

「何本とれますか？」だから 答えは小数でなくて，整数になると思います

実際に5.5mを1.5mずつ切っていくことを考えてみよう

T　テープを 1.5m ずつ切って見るよ。1本，2本，3本，これ以上はとれない。筆算もここで終了！

C　問題の場面に合わせて，筆算の仕方も変わってくるね。

まとめ
・いくつ分を求めるわり算では答えは整数で求める。
・あまり＜わる数。筆算のとき，あまりの小数点は
　わられる数のもとの小数点の位置にそろえる。

4
2L のジュースを 0.3L ずつコップにつぎます。
何ばい分できて，何 L あまりますか。

0.3L	2L
1 ぱい	□ ぱい

式　2 ÷ 0.3
　　答え　6 ぱい，あまり 0.2L

たしかめ算
0.3 × 6 + 0.2 = 2.0

```
        6
0.3 )2.0
     1 8
       0 2
```

3 あまりのテープは何mになりますか

T　あまりの小数点はわられる数の元の小数点の位置
　になりますね。たしかめ算をしてみるといいですね。
C　1.5 × 3 + 1.1 = 5.6
T　言葉の式にすると
　「わる数×商＋あまり＝わられる数」ですね。

　学習のまとめをする。

4 次の問題も表に整理してから立式しよう

問題文を提示する。

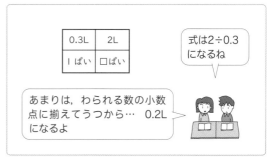

　実際にテープを切ったり，2L を 0.3L ずつに分ける操作を
して，あまりを見たりすることで，問題の場面に関係なくわ
り進んでいた子も，ここでは整数の商を求めてあまりを求め
ることに納得できるようになる。

　ふりかえりシートが活用できる。

第7時 かけ算わり算の文章問題①

[本時の目標] 小数の乗除の文章問題を表に整理することで立式し，解決することができる。

板書例

小数のかけ算わり算 文章問題がすらすらできるようになろう①

1

㋐

lmが2.3kgのパイプがあります。
このパイプの1.4mの重さは何kgですか。

1あたり量	全体の量
2.3kg	□kg
1m	1.4m
	いくら分

式　2.3×1.4

答え 3.22kg

2

㋑

2.5mが2kgのパイプがあります。
このパイプの1mの重さは何kgですか。

□kg	2kg
1m	2.5m

1あたり量を求めるわり算

式　2÷2.5

答え 0.8kg

[POINT] 文章問題を「かけわり4マス表」に表すことで，「かけ算」「わり算」の判別ができ，すらすらと問題が解けるようになる

1 ㋐の問題を表に整理して，解決しよう

問題文㋐を提示する。

2.3kg	□kg
1m	1.4m

C　1あたり量×いくら分＝全体の量だから式は，2.3×1.4になります。

乗除の文章問題を解くカギは「1あたり量」。その意味でも「1あたり量」を含めて表に整理した方が良い。

2 ㋑の問題を表に整理して，解決しよう

問題文㋑を提示する。

□kg	2kg
1m	2.5m

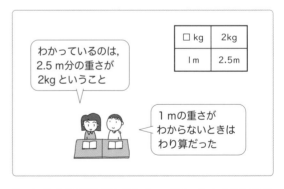

C　1あたり量を求めるから，式は，2÷2.5になります。

C　わられる数は，右上の全体の量だった。
全体の量÷いくら分＝1あたり量です。

C　答えは0.8kgです。

[準備物] [QR] ふりかえりシート

[ICT] 表計算機能を使って1あたり量と全体量の関係を表す表を作って配信すると，子どもたちはそれぞれの数値を入力して，その関係性に目を向けやすくなる。

3 ㋒

1mが1.4kgのパイプがあります。
このパイプ3.5kgでは何mですか。

1.4kg	3.5kg
1m	□m

式　3.5 ÷ 1.4

答え 2.5m

いくら分を求めるわり算

4

まとめ

表にかけば，かけ算，わり算のどちらかがわかり立式できる

1あたり量	全体の量
1	いくら分

全体の量 ＝ 1あたり量×いくら分
1あたり量 ＝ 全体の量÷いくら分
いくら分 ＝ 全体の量÷1あたり量

でしょう。

3 ㋒の問題を表に整理して，解決しよう

問題文㋒を提示する。

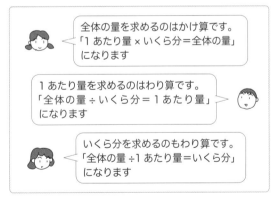

1.4kg	3.5kg
1m	□m

わかっているのは
1mあたりの重さだね

右下のいくら分を
求めるのもわり算
だったね

C　わり算には「1あたり量」と「いくら分」を求める2種類があったね。

C　いくら分を求めるわり算で，全体の量÷1あたり量です。式は，3.5 ÷ 1.4 です。

C　答えは 2.5m です。

4 3つの問題からわかったことをまとめよう

全体の量を求めるのはかけ算です。
「1あたり量×いくら分＝全体の量」
になります

1あたり量を求めるのはわり算です。
「全体の量÷いくら分＝1あたり量」
になります

いくら分を求めるのもわり算です。
「全体の量÷1あたり量＝いくら分」
になります

C　「1」の位置が決まっているので，あとは単位を横に揃えて書けば表に整理できます。

C　表を使えば「かけ算」か「わり算」どちらの問題かがすぐにわかってとても便利です。

学習のまとめをする。
ふりかえりシートが活用できる。

第 8 時

かけ算わり算の文章問題 ②

本時の目標　真小数の乗除の文章問題を表に整理することで立式し，解決することができる。

板書例

小数のかけ算わり算
文章問題がすらすらできるようになろう②

1 ㋐

Ｉ L が 0.8kg の油があります。
この油 0.6kg では何 L ですか。

1 あたり量　全体の量

0.8kg	0.6kg
Ｉ L	□ L

いくら分

いくら分を求めるわり算

式
0.6 ÷ 0.8

答え 0.75L

2 ㋑

0.8L で 0.6kg の油があります。
この油Ｉ L の重さは何kgですか。

□ kg	0.6kg
Ｉ L	0.8L

Ｉあたり量を求めるわり算

式
0.6 ÷ 0.8

答え 0.75kg

POINT 真小数で書かれた文章問題でも，表を手がかりにすれば，すらすらと解決できるようになります。

1 ㋐の問題を表に整理して，解決しよう

問題文㋐を提示する。

0.8kg	0.6kg
Ｉ L	□ L

表にすれば，いくら分を求めるわり算だとわかるね

表にすれば式が書けるね

C　いくら分＝全体の量÷ 1 あたり量　です。
C　式は，0.6 ÷ 0.8 です。
C　答えは 0.75L です。

文章問題にある数字は，どれも 0.8 と 0.6 にしてある。「1」は何なのかを手がかりにして表がかけるように指導する。

2 ㋑の問題を表に整理して，解決しよう

問題文㋑を提示する。

□ kg	0.6kg
Ｉ L	0.8L

これは，1 あたり量を求めるわり算だね

全体の量がわかっているときはわり算だね

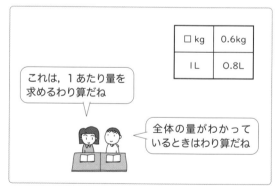

C　1 あたり量＝全体の量÷いくら分　です。
C　式は，0.6 ÷ 0.8 です。㋐と同じ式になるけど，意味が違うね。
C　答えは，1L あたりの重さだから，0.75kg です。

3 ⑤

> 1L が 0.8kg の油があります。
> この油の 0.6L の重さは何kgですか。

0.8kg	□ kg
1L	0.6L

全体の量を求めるかけ算

式
$$0.8 \times 0.6$$

答え 0.48kg

4

感想
（わかったこと・できるようになったこと）

---

3 ⑤の問題を表に整理して，解決しよう

問題文⑤を提示する。

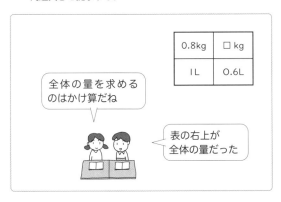

0.8kg	□ kg
1L	0.6L

全体の量を求めるのはかけ算だね

表の右上が全体の量だった

C　全体の量＝1あたり量×いくら分　です。
C　式は，0.8×0.6 です。
C　答えは，0.48kg です。1よりも小さい数をかけたから，わられる数の 0.8 よりも商が小さくなったね。

4 学習をしてわかったことをまとめよう

真小数をかけたり，わったりするのはピンとこないこともあるけど，表にしたら式を立てることができます

表にすると，「かけ算」か「わり算」か，わり算でも「1あたり量」を求めるのか「いくら分」を求めるのかがわかります

表にして考えているから，自分がしている計算が何を求めているかよくわかる。

学習のまとめをする。
ふりかえりシートが活用できる。

本時の目標　小数（真小数）でわったり，かけたりしたときの被除数と商，被乗数と積の大きさの関係をまとめて理解することができる。

商の大きさ，積の大きさをまとめよう

板書例

1

Aのはり金 1.2m が 16.8g のはり金があります。 このはり金 1m の重さは何g ですか。	Bのはり金 0.8m が 16.8g のはり金があります。 このはり金 1m の重さは何g ですか。

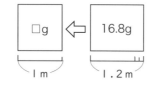

式　16.8 ÷ 1.2

答え　14g

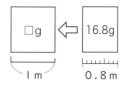

式　16.8 ÷ 0.8

答え　21g

2

わる数が 1 よりも大きいと 商＜わられる数	わる数が 1 よりも小さいと 商＞わられる数

POINT　被除数と商の大きさ，被乗数と積の大きさの関係を，図を使って視覚的に理解できるようにしましょう。

---

1 AとBのはり金の問題をそれぞれ表に整理してから立式しよう

問題文 A と B を提示する。

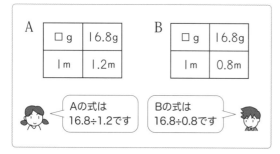

T　答えはどのくらいになるか予想してみましょう。

C　A は 2 でわると 8.4 なので，8 以上になりそうです。

C　B は，わる数が 1 よりも小さいので 16.8 g よりも大きくなると思います。

　1 よりも小さい数でわると「商＞わられる数」になるということは，第 3 時「真小数でわる計算方法」で学習している。

2 AとBの答えから，わる数と商の数の大きさをまとめよう

C　A は 16.8 ÷ 1.2 = 14　答えは 14g です。

C　B は 16.8 ÷ 0.8 = 21　答えは 21g です。

T　わられる数と商を比べてみましょう。

C　B の商 21 は，わられる数の 16.8 よりも大きいです。

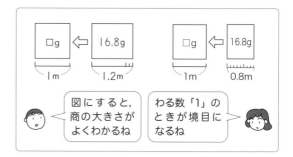

T　わる数の大きさと商の大きさの関係をまとめよう。

C　わる数が 1 よりも大きいと　商＜わられる数

C　わる数が 1 よりも小さいと　商＞わられる数

準備物
[QR] 板書用図
[QR] ふりかえりシート

ICT
ふりかえりシートのデータを配信すると、反復練習しやすくなり、全体共有することで学習が定着しているか見取りやすくなる。

3

〈積の大きさ〉

㋐ 3.5 × 1.2

㋑ 3.5 × 1

㋒ 3.5 × 0.8

㋐
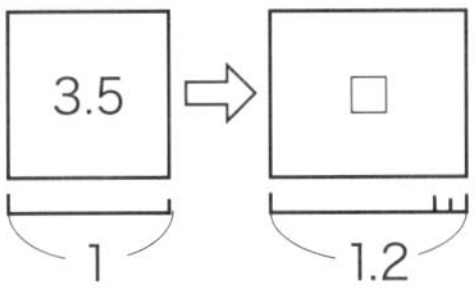

㋒
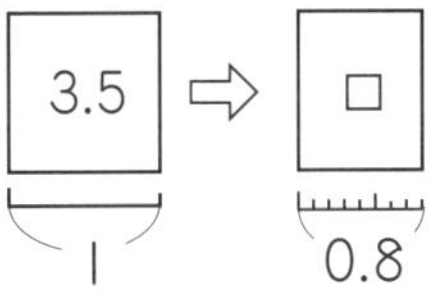

まとめ

- わる数が 1 よりも大きいと　商<わられる数
- わる数が 1 よりも小さいと　商>わられる数
- かける数が 1 よりも大きいと　積>かけられる数
- かける数が 1 よりも小さいと　積<かけられる数

4

〈不等号を書こう〉

① 5.6 ÷ 1.05 [<] 5.6　② 5.6 ÷ 0.92 [>] 5.6

③ 5.6 × 1.05 [>] 5.6　④ 5.6 × 0.92 [<] 5.6

3 次のような計算のとき，かけられる数と積の大きさの関係はどうなりますか

㋐ 3.5 × 1.2　㋑ 3.5 × 1　㋒ 3.5 × 0.8

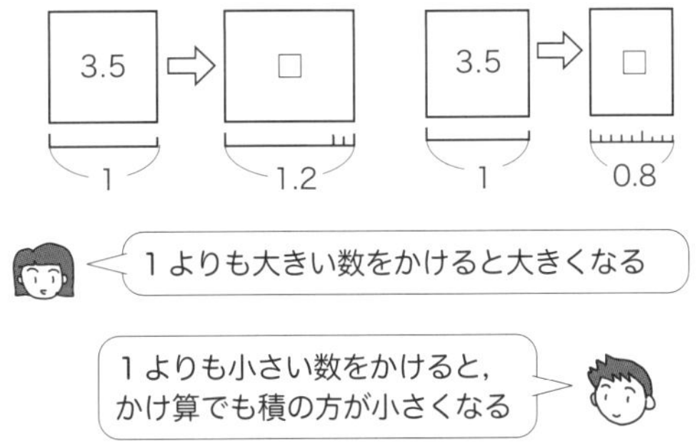

T　かける数と積の大きさの関係をまとめましょう。

C　かける数が 1 よりも大きいと　積>かけられる数

C　かける数が 1 よりも小さいと　積<かけられる数

学習のまとめをする。

4 次の□に不等号を書きましょう

① 5.6 ÷ 1.05 □ 5.6　② 5.6 ÷ 0.92 □ 5.6

③ 5.6 × 1.05 □ 5.6　④ 5.6 × 0.92 □ 5.6

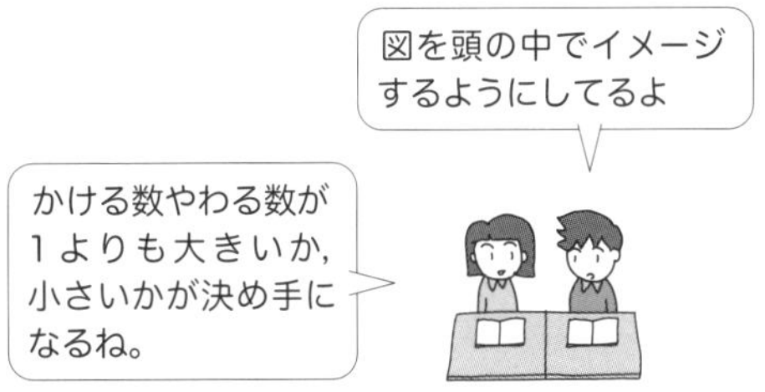

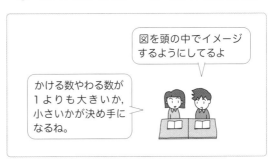

ふりかえりシートが活用できる。

小数倍

◎ 学習にあたって ◎

＜この単元で大切にしたいこと＞

　子どもたちは 4 年生で「倍」を習っています。しかし，扱うのは整数倍まででしたから，常に（大きい数÷小さい数）で「倍」を求めることができました。ところが，「小数倍」の場合は，数の大小が立式に影響しないので，比較する 2 量のどちらが「もとにする大きさ」でどちらが「比べられる大きさ」かを判断しないと求めることができません。まず，「もとにする大きさ」が何かを，問題文から見つけさせます。「もとにする大きさ」がわかれば，「もとにする大きさ×倍＝比べられる大きさ」から，立式できます。

＜数学的見方考え方と操作活動＞

　「もとにする大きさ」を見つけ出すポイントを，第 2 時で紹介しています。さらに，「もとにする大きさ」と「比べられる大きさ」の関係を量として正しくとらえられるように，「にらめっこ図」を使います。この図は，「もとにする大きさ」と「比べられる大きさ」が高さで比較できるので，どちらが大きいかが一目でわかります。また，矢印が↗のときは 1 より大きい小数倍で，矢印が↘のときは 1 より小さい小数倍になっていることがわかります。

　「にらめっこ図」については，本書の p12，13 を参照してください。「もとにする大きさ」「倍」「比べられる大きさ」の関係がよくわかる図です。

＜個別最適な学び・協働的な学びのために＞

　子どもたちは，問題文から「もとにする大きさ」を見つけ，「にらめっこ図」にかいて立式します。「もとにする大きさ」「倍」「比べられる大きさ」の 3 者の関係を図に整理するだけではなく，図から 3 者の関係を言葉で説明できるようにします。また，3 つのパターンの問題を作ることによって，3 者の関係を深く理解することができます。

知識および 技能	もとにする大きさ・小数倍・比べられる大きさの求め方を理解し, それぞれ求めることができる。
思考力, 判断力, 表現力等	もとにする大きさ・比べられる大きさ・小数倍の関係について考えている。
主体的に学習に 取り組む態度	小数倍の意味を知り, 学習に用いようとする。

◎ 指導計画　6時間 ◎

時	題	目　標
1	小数倍の意味	小数倍の意味を理解し, 「にらめっこ図」を使って立式し, 答えを求めることができる。
2	「倍」を求める	「もとにする大きさ」, 「比べられる大きさ」が小数の場合でも, □を用いて乗法の式に表し, 除法を用いて□の数 (倍) を求めることができる。
3	「比べられる大きさ」を求める	問題の場面を「にらめっこ図」にかき, 「比べられる大きさ」を求める式の立て方を理解し, 答えを求めることができる。
4	「もとにする大きさ」を求める	問題の場面を「にらめっこ図」にかき, 「もとにする大きさ」を求める式の立て方を理解し, 答えを求めることができる。
5	倍の三用法まとめ	「比べられる大きさ」「もとにする大きさ」「倍」, それぞれを求める3つの方法をまとめて, 理解を深める。
6	倍の問題文作り	これまでの学習を生かして「比べられる大きさ」「もとにする大きさ」「倍」, それぞれを求める3つの文章問題を作ることができる。

小数倍の意味

小数倍の意味を理解し，「にらめっこ図」を使って立式し，答えを求めることができる。

板書例

テープの長さは何倍だろう

1

〈緑のテープの 1.6 倍の長さのテープは何色ですか〉

	長さ（m）
青	16
白	24
赤	12
緑	15

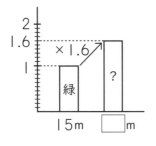

2

もとにする大きさ	倍（割合）	比べられる大きさ

$$15 \times 1.6 = \square$$
$$= 24$$

白のテープ（24m）

緑のテープを 1 としたとき白のテープは 1.6 にあたる大きさ

POINT 「にらめっこ図」を使うと，「もとにする大きさ」「比べられる大きさ」「倍」の関係が一目でわかるように表せる。

---

1 緑のテープ 15m の，1.6 倍の長さを求める図と式をかいてみよう

T 青，白，赤の 3 本のテープのうち，長さが緑の 1.6 倍になっているのはどのテープですか。

C 15 m より短い赤色のテープではないね。

T 15 m の 1.6 倍の長さを図にかいて求めましょう。

C 4 年のときにも「倍」の学習をしたね。

C 4 年では整数の倍だったけど今度は小数だ。

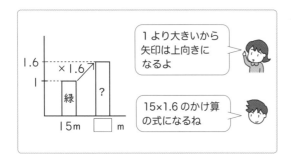

「にらめっこ図」については，本書の p12, 13 を参照

2 「もとにする大きさ」「倍」「比べられる大きさ」の関係を確かめよう

「もとにする大きさ」「倍」「比べられる大きさ」がそれぞれ何にあたるのかを確認しながら「にらめっこ図」に表し，「もとにする大きさ×倍（割合）＝比べられる大きさ」の式が成り立つことを確認する。

T 緑のテープの長さ（もとにする大きさ）を 1 としたとき，白のテープの長さ（比べられる大きさ）はどれだけにあたりますか。

③ 〈白のテープの長さは
　青のテープの長さの何倍？〉

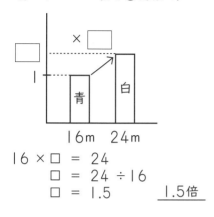

16 × □ = 24
　　□ = 24 ÷ 16
　　□ = 1.5　　<u>1.5倍</u>

④ 〈赤のテープの長さは
　青のテープの長さの何倍？〉

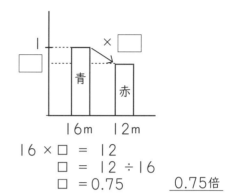

16 × □ = 12
　　□ = 12 ÷ 16
　　□ = 0.75　　<u>0.75倍</u>

青のテープを1としたとき赤のテープは0.75にあたる大きさ。

まとめ

・2つの量の倍の関係は，「にらめっこ図」で表すことができる。

・「にらめっこ図」から立式しよう。

---

3 白のテープは，青のテープの長さの何倍でしょうか

C　白と青どちらが「もとにする大きさ」かな。

C　青のテープの長さ<u>の</u>，とあるから，青のテープだ。

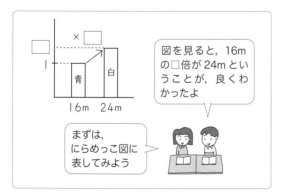

図を見ると，16mの□倍が24mということが，良くわかったよ

まずは，にらめっこ図に表してみよう

C　16 ×□= 24，□= 24 ÷ 16，□= 1.5　1.5 倍

T　言い換えると，青のテープの長さを <u>1 としたとき</u>，白のテープの長さが <u>1.5 にあたる</u>ことを表していますね。

4 赤のテープは，青のテープの長さの何倍でしょうか

「倍」ではなく，<u>0.75 にあたる</u>と考えたらどうかな

倍なのに，比べられる数の方が小さくなるのは，図を見れば納得だね

　「倍」というと「増える」イメージが強いため，比べられる数の方が小さくなる「倍」に違和感を覚える子も多いと思われる。1より小さい小数で表す「倍」もあることを「にらめっこ図」を使って説明する。

T　「比べられる大きさ」が，「もとにする大きさ」より小さくなると，倍は 1 より小さくなります。

　「○○を 1 としたとき，□□は△△にあたる」という割合の表し方も確認しておく。

　ふりかえりシートが活用できる。

「倍」を求める

本時の目標　「もとにする大きさ」，「比べられる大きさ」が小数の場合でも，□を用いて乗法の式に表し，除法を用いて□の数 (倍) を求めることができる。

板書例

ひまわりの高さを比べよう

1

> A のひまわりの高さをもとにすると，
> B のひまわりの高さは何倍ですか。

A	1.5m
B	2.4m
C	1.8m
D	1.2m

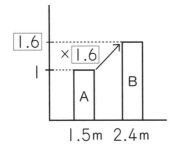

もとにする大きさ　倍　比べられる大きさ

$$1.5 \times \square = 2.4$$
$$\square = 2.4 \div 1.5$$
$$\square = 1.6$$

1.6倍

2

A の高さを 1 としたとき，B の高さが 1.6 にあたる大きさ

POINT　問題文から，「もとにする大きさ」（1 とする大きさ）を見つけ出すことが問題を解くポイントです。

---

1 A のひまわりの高さをもとにすると，B のひまわりの高さは何倍ですか。

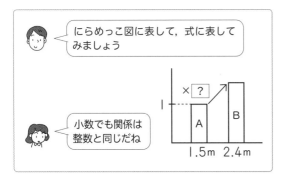

にらめっこ図に表して，式に表してみましょう

小数でも関係は整数と同じだね

C　もとにする大きさが A で，比べられる大きさが B になるよ。

C　「もとにする大きさ×|倍|＝比べられる大きさ」の式にあてはめて|倍|を求めよう。

2 「にらめっこ図」と式を確かめよう

　「にらめっこ図」で「もとにする大きさ・倍・比べられる大きさ」の 3 つの関係を表し，1.5 ×□＝ 2.4 とかけ算で立式後，□＝ 2.4 ÷ 1.5 とわり算で求めればよいことを確かめる。また，「A のひまわりの高さを 1 としたとき，B のひまわりの高さが 1.6 にあたる大きさになっている」という割合の表し方もおさえておく。

T　同じように A のひまわりの高さをもとに C, D のひまわりの高さが何倍になるか求めましょう。

D は，1.2 m と A よりも小さいから，倍 (割合) は，1 よりも小さくなるね

〈Cの高さは，Aの高さ◎の何倍？〉　　〈Dの高さは，Aの高さ◎の何倍？〉

$$1.5 × □ = 1.8$$
$$□ = 1.8 ÷ 1.5$$
$$□ = 1.2 \quad \underline{1.2倍}$$

$$1.5 × □ = 1.2$$
$$□ = 1.2 ÷ 1.5$$
$$□ = 0.8 \quad \underline{0.8倍}$$

3

> Dのひまわりの高さをもとにすると，
> Aのひまわりの高さは何倍ですか。

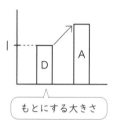

もとにする大きさ

$$1.2 × □ = 1.5$$
$$□ = 1.5 ÷ 1.2$$
$$□ = 1.25 \quad \underline{1.25倍}$$

4

まとめ

> まず，「もとにする大きさ」を見つける。次に
> 「にらめっこ図」をかき，それをもとに立式する。

---

3 Dのひまわりの高さをもとにすると，Aのひまわりの高さは何倍ですか。

C　さっきは，Aをもとにしたから，倍の大きさは0.8（倍）と1より小さくなったけど，今度はDをもとにするから，倍の大きさは1よりは大きくなる。

C　「にらめっこ図」に表すと，矢印でAとDの関係がよくわかるよ。

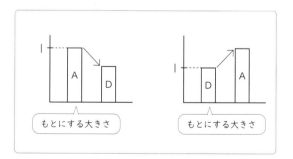

もとにする大きさ　　もとにする大きさ

4 もとにする大きさを見つける方法を知ろう

> ＜「もとにする大きさ」の見つけ方＞
> ① 「Aのひまわりの高さ（1.5m）をもとにすると，
>   Bのひまわりの高さ（2.4m）は何倍ですか。」
> ② 「赤いリボンの長さ（0.75m）は，
>   黄色いリボンの長さ（1.2m）◎の何倍ですか。」
> ③ 「今のねこの体重は3.6kgで，去年の体重◎の1.5倍です。
>   去年の体重は何kgですか。」
>
> 　①については，「もとにする」とはっきりと言葉で表しているためわかりやすいでしょう。②，③については，「□□□□□◎の倍」の波線部分が「もとにする大きさ」となります。

学習のまとめをする。

ふりかえりシートが活用できる。

「比べられる大きさ」を求める

板書例

人数を求めよう

A 小学校の児童数は 340 人です。

1
B 小学校の児童数は，A 小学校の 1.5 倍です。B 小学校の児童数は何人ですか。

3
C 小学校の児童数は A 小学校の 0.75 倍です。C 小学校の児童数は何人ですか。

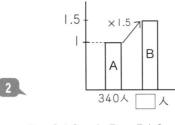

2

式　340×1.5 ＝ 510

　　　　　　510人

式　340×0.75 ＝ 255

　　　　　　　　255人

POINT まず，「もとにする大きさ」を問題文から見つけて，「もとにする大きさ」「倍」「比べられる大きさ」の関係を「にらめっこ図」

---

1 問題文を読んで「にらめっこ図」をかこう

問題文を提示する。

T　この問題でわかっているのは，「もとにする大きさ」「倍」「比べられる大きさ」のどれですか。

C　A 小学校の 1.5 倍だから，「もとにする大きさ」と「倍」がわかっている。

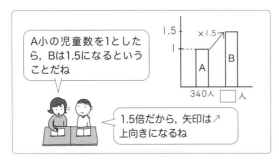

C　図に表すと，A 小の児童数と B 小の児童数の関係が良くわかったね。

2 図を使って立式し，解決しよう

T　図を見れば式がかけますか。

C　図の左から順番に，そのまま式にすればいいと思います。

T　340 人を 1 とみたとき，1.5 にあたる人数は何人ですか。

C　510 人です。

まとめ
「比べられる大きさ」を求める場合は、図の左の数字から順番にかけ算の式にして求めることができる。

4

いつもは 800 円のラーメンが、特別サービスで 0.8 倍のねだんになっています。
　ラーメンのねだんは何円になっていますか。

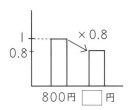

式　　800×0.8 = 640

　　　　　　　640円

に整理しましょう。

3 同じようにして C 小の児童数も求めよう

T　C 小の場合も「にらめっこ図」にかいてから解決しましょう。

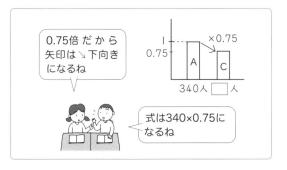

C　340 人を 1 とみたとき、0.75 にあたる人数が 255 人ということだ。

　　学習のまとめをする。

4 値下げしたラーメンの値段を求めよう

C　にらめっこ図にまとめてから、式を立てよう。

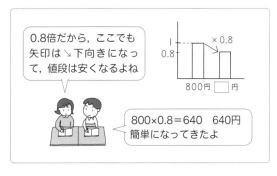

　　学習のまとめをする。

　　ふりかえりシートが活用できる。

本時の目標
問題の場面を「にらめっこ図」にかき，「もとにする大きさ」を求める式の立て方を理解し，答えを求めることができる。

板書例

A さんの身長や体重を求めよう

1
A さんのお父さんの体重は，A さんの 2.5 倍の 75kg です。A さんの体重は何 kg ですか。

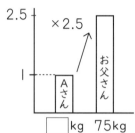

3
A さんの弟の身長は，A さんの 0.8 倍の 120cm です。A さんの身長は何 cm ですか。

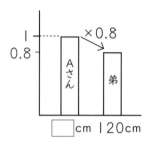

2
式　□ × 2.5 = 75
　　　□ = 75 ÷ 2.5
　　　□ = 30
　　　　　　　　30kg

式　□ × 0.8 = 120
　　　□ = 120 ÷ 0.8
　　　□ = 150
　　　　　　　　150cm

POINT ここでも，まず「もとにする大きさ」を問題文から見つけます。「もとにする大きさ」を求める問題の場合も，まずは「にらめっこ図」

1　問題文を読んで「にらめっこ図」をかこう

T　問題文からわかっていること，求めることを整理しましょう。

C　お父さんと A さんの体重を比べています。

C　「A さんの体重の 2.5 倍」とあるから，A さんの体重の 2.5 倍はお父さんの体重の 75kg です。

C　A さんの体重，つまり「もとにする大きさ」を求める問題です。

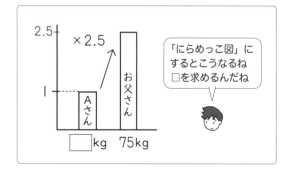

2　図から式を考えよう

T　「もとにする大きさ」（A さんの体重）を求める式はどうなるでしょう。

C　前の時間に学習した「もとにする大きさ×倍＝比べられる大きさ」の式にあてはめてみよう。

C　求めることを□として表したら，すべて同じようにかけ算の式ができるから便利だな。

　わり算で求めることがわからない子には，□ × 3 = 6 などと簡単な数字に入れ替えて考えられるようにする。

まとめ　もとにする大きさを求めるときは，□を使って図の左の数字から順番に，かけ算の式に表す。□の数を求めるためには，わり算をすればいい。

4 たまごのねだんが，去年の1.2倍に値上がりして210円になりました。去年のたまごのねだんは，何円でしたか。

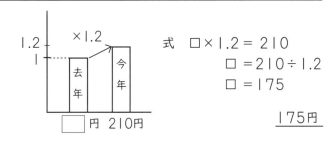

式　□×1.2 = 210
　　□ = 210÷1.2
　　□ = 175

175円

の順番通りにかけ算の式に表しましょう。

3 Aさんの身長の問題をしよう

T　問題文を読んで「にらめっこ図」をかきましょう。

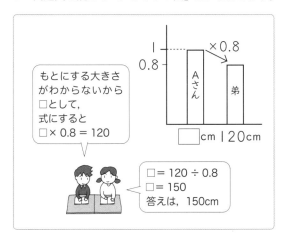

もとにする大きさがわからないから□として，式にすると
□× 0.8 = 120

□= 120 ÷ 0.8
□= 150
答えは，150cm

「にらめっこ図」のAさんの身長を150cmにすると，0.8倍で120cmになることを確かめる。

学習のまとめをする。

4 去年のたまごの値段を求めよう

C　「にらめっこ図」にまとめてから，式を立てよう。

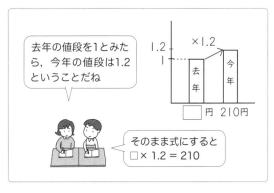

去年の値段を1とみたら，今年の値段は1.2ということだね

そのまま式にすると
□× 1.2 = 210

C　□を求めるには，210 ÷ 1.2をすればいいね。
C　答えは175円になります。

ふりかえりシートが活用できる。

第5時

倍の三用法まとめ

[本時の目標] 「比べられる大きさ」「もとにする大きさ」「倍」，それぞれを求める３つの方法をまとめて，理解を深める。

[板書例]

倍の問題をまとめよう

Ａのビルの高さは㋐[48]ｍ，Ｂのビルの高さは㋑[64]ｍです。
Ｂのビルの高さの㋒[0.75]倍がＡのビルの高さです。

1 〈3つの数の関係〉

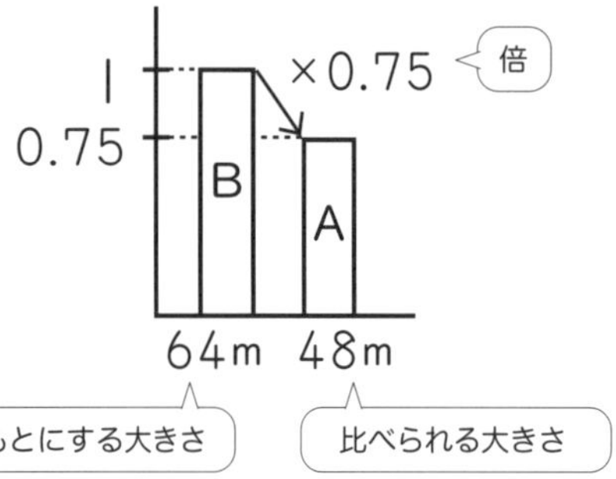

1
0.75
×0.75
倍
B
A
64m
48m
もとにする大きさ
比べられる大きさ

2 〈㋐が□の場合〉

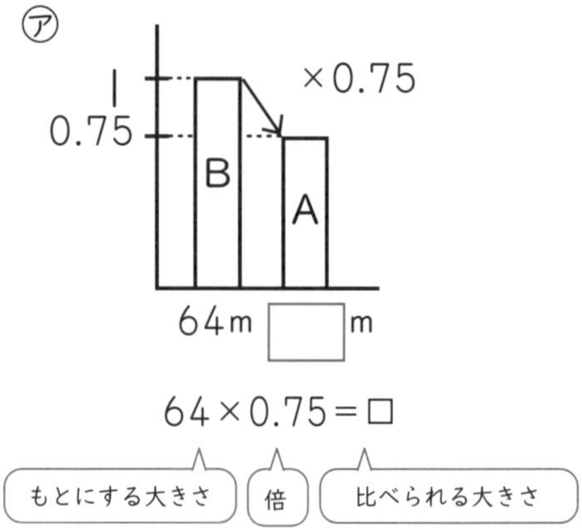

㋐
1
0.75
×0.75
B
A
64m
□m
64×0.75＝□
もとにする大きさ
倍
比べられる大きさ

(POINT) 倍の三用法をことばの式でまとめたが，それを暗記するだけでは忘れてしまいます。それよりも「にらめっこ図」に表して，

1 文を読んで「にらめっこ図」に表してみよう

問題文を提示する

C　48m，64m，0.75倍の３つの数が出てきた。

C　３つの数のうち，倍は「0.75」とわかる。

C　「もとにする大きさ」は，「の[0.75]倍」とあるから，その前のBのビルの高さだ。

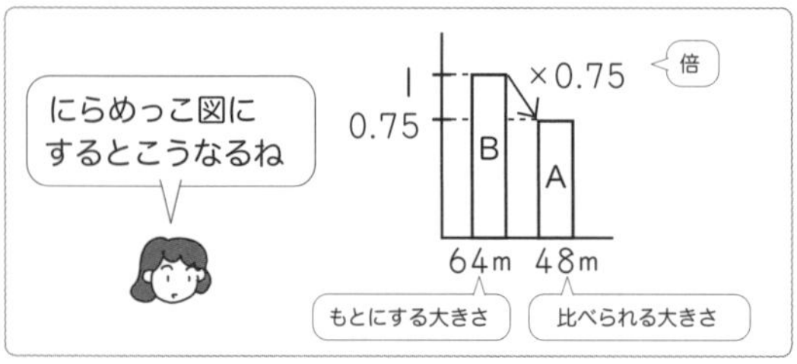

にらめっこ図にするとこうなるね
1
0.75
×0.75
倍
B
A
64m
48m
もとにする大きさ
比べられる大きさ

T　この図を式に表すとどうなりますか。

C　３つの数のうち，倍は「0.75」だね。

C　図の通りに式を立てると，64 × 0.75 = 48

C　「もとにする大きさ」×「倍」=「比べられる大きさ」だ。

2 図の㋐が□になったときはどうしますか

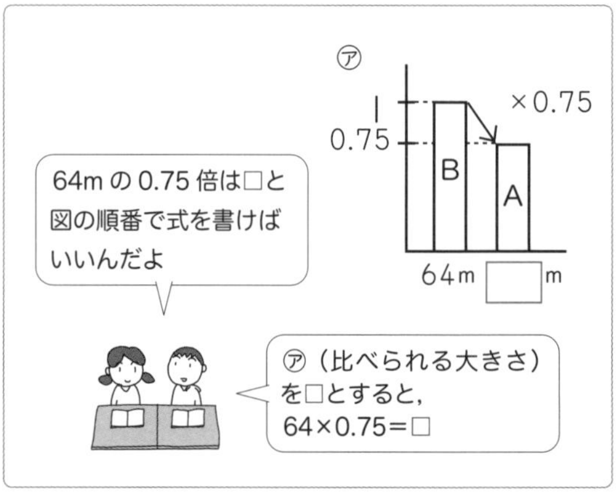

㋐
1
0.75
×0.75
B
A
64m
□m
64m の 0.75 倍は□と図の順番で式を書けばいいんだよ
㋐（比べられる大きさ）を□とすると，64×0.75=□

C　比べられる大きさを求めるときだけ，かけ算の式になるね。

3　〈①が□の場合〉

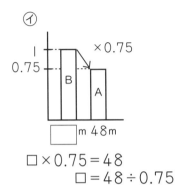

$$□ \times 0.75 = 48$$
$$□ = 48 \div 0.75$$
$$□ = 64$$

4　〈⑤が□の場合〉

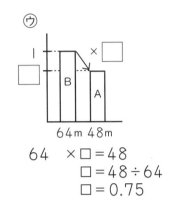

$$64 \times □ = 48$$
$$□ = 48 \div 64$$
$$□ = 0.75$$

まとめ
・もとにする大きさ　×倍（割合）＝比べられる大きさ
・比べられる大きさ　÷倍（割合）＝もとにする大きさ
・比べられる大きさ÷もとにする大きさ＝倍（割合）

そこからかけ算の式で立式する方法を身につけた方が確かです。

3 図の①が□になったときはどうしますか

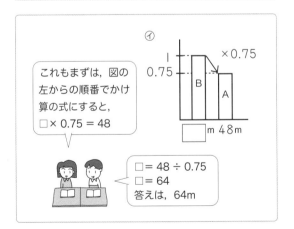

これもまずは，図の左からの順番でかけ算の式にすると，
$□ \times 0.75 = 48$

$□ = 48 \div 0.75$
$□ = 64$
答えは，64m

T　□の数を求めるわり算を考えるときは，$□ \times 2 = 6$ など簡単な整数におきかえてかけ算で考えれば，わかりやすいですね。

4 図の⑤が□になったときはどうしますか

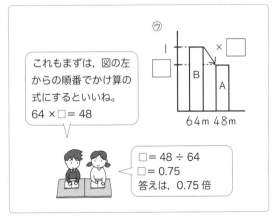

これもまずは，図の左からの順番でかけ算の式にするといいね。
$64 \times □ = 48$

$□ = 48 \div 64$
$□ = 0.75$
答えは，0.75倍

学習のまとめをする。

本時でまとめたことを生かして，次時では問題文を作ることを伝える。

ふりかえりシートが活用できる。

板書例

倍の問題を作ってみよう

1

1.25 ─ ×1.25
1 ─┈┈

12 15

2 〈グループで基本になる文を作る〉

れい

白ロープの長さ12mの1.25倍が
赤ロープの長さ15mです。

めす犬の体重12kgの1.25倍が
おす犬の体重です。

長さ，重さ，かさ，お金などで
問題文を作る。

〈3つのパターンの問題文を作る〉

㋐ 「比べられる大きさ」を求める
㋑ 「もとにする大きさ」を求める
㋒ 「倍」を求める

POINT 問題文を作ることで，三者の関係をさらに深く理解することになり，学びを生かすこともできるようになります。

1 「にらめっこ図」を見て問題文をかこう

T これまでの倍の学習を生かして問題文を書いてみます。参考にする「にらめっこ図」です。

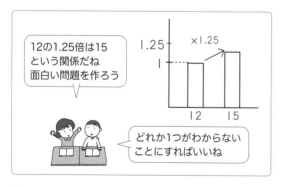

T 長さの問題にするか，重さの問題にするか，基本になる文をグループで決めてから書きましょう。

2 「にらめっこ図」を見て問題文をかこう

T グループで相談しながら，「比べられる大きさ」「もとにする大きさ」「倍」を求める3つのパターンの問題を作りましょう。

全員が作ることができるように，時間をとり，グループ内で相談できるようにしたり，個別に指導できるようにする。

3

〈作った問題文の発表〉

> 黒い魚の体長は□15□cmで，赤い魚の体長は□12□cmです。
> 赤い魚の体長の□1.25□倍が黒い魚の体長です。

〈求める数〉

比べられる大きさ	もとにする大きさ	倍
㋐ 赤い魚の体長は 12cmです。黒い魚は，赤い魚の 1.25 倍の体長です。黒い魚の体長は何cmですか。	㋑ 黒い魚の体長は15cmで，赤い魚の体長の1.25 倍です。赤い魚の体長は何cmですか。	㋒ 黒い魚の体長は 15cmで，赤い魚の体長は 12cmです。黒い魚の体長は，赤い魚の体長の何倍ですか。

〈学習の感想〉

3 作った問題文を紹介し合おう

T　グループ内でできた問題を紹介し合いましょう。何を求める問題にしたのかを言ってから，紹介しましょう。

　　後で，グループ内で３つのパターンの文を選んで発表してもらいます。

　　どの問題にするか考えながら聞きましょう。

　グループ内で発表の時間をとる。

　選んだ問題文は提示できるように準備する。

全体で発表しよう

〈発表の例〉
　私たちの班は
「黒い魚の体長は□15□cmで，赤い魚の体長は□12□cmです。赤い魚の体長の□1.25□倍が黒い魚の体長です。」という文をもとにして作りました。

「比べられる大きさ」を求める問題

㋐　赤い魚の体長は 12cmです。黒い魚は，赤い魚の 1.25 倍の体長です。黒い魚の体長は何cmですか。
「もとにする大きさ」を求める問題

㋑　黒い魚の体長は 15cmで，赤い魚の体長の 1.25 倍です。赤い魚の体長は何cmですか。

「倍」を求める問題

㋒　黒い魚の体長は 15cmで，赤い魚の体長は 12cmです。黒い魚の体長は，赤い魚の体長の何倍ですか。

学習の感想を書く。

合同な図形

◎ 学習にあたって ◎

<この単元で大切にしたいこと>

　　図形の指導で大切にしたいことは，「直観でとらえたことを具体的操作を通して実証すること」です。「合同な図形」では，見た目で合同だと思われる図形を，実際に重ねて合同かどうかを確かめます。また，対応する辺や角も，実際に図形を重ね合わせて確かめます。このような具体的操作を重ねながら，徐々に頭の中で図形を動かすことができるようになっていきます。また，三角形や四角形の作図でも，まず自由にかいてみて，その中から合同に必要な条件を導き出していきます。

<数学的見方考え方と操作活動>

　　合同な図形は，直観で合同だと判断した後，実際に重ね合わせて検証することが大切です。図形を自由に平行移動・回転移動・対称移動させてとらえさせましょう。実際に図形を重ね合わせる操作を通して，合同な図形のとらえ方が広がります。そして，実際に重ね合わせなくても合同かどうか判断できるように高めていきます。

　　合同な図形の作図も，いろいろな方法があります。作図を通して合同に必要な条件が見えてくると，様々な方法に，共通するものが理解できるようになります。

<個別最適な学び・協働的な学びのために>

　　合同の勉強では，操作活動を多く取り入れるようにしましょう。子どもたち自身の自由な発想を大切にすると，話し合いの中から目標が見えてきます。例えば，合同な三角形の作図でも，はじめから合同条件を教えるのではなく，何がわかれば合同な三角形がかけるのかを，実際に作図をしながらみんなで見つけていきます。自由な発想で挑戦してみることを大切にして，図形を捉える感覚を豊かにしていきます。

◎ 評 価 ◎

知識および 技能	合同の意味や性質を理解し，対応する辺の長さや角の大きさを用いて，合同な図形をかくことができる。
思考力，判断力， 表現力等	合同な図形やその性質を見つけたり，確かめたりする方法を考える。
主体的に学習に 取り組む態度	合同な図形やその性質を，作図などの活動を通して見つけたり，確かめたりしている。

◎ 指導計画　6 時間 ◎

時	題	目　標
1	合同な図形の意味	合同の意味について理解する。
2	対応する頂点，辺，角	2 つの合同な図形で，対応する「頂点」「辺」「角」についての意味がわかり，合同な図形の性質を理解する。
3	四角形を対角線で分けた形	四角形を対角線で分割した三角形が合同かどうかを調べ，四角形を合同な三角形の組み合わせという観点で捉えることができる。
4	合同な三角形の作図①	合同な三角形のかき方を考え，合同な三角形をかくことができる。
5	合同な三角形の作図②	合同な三角形のかき方を考え，合同な三角形を 3 つの方法でかくことができる。
6	合同な四角形の作図	合同な四角形のかき方を考え，合同な四角形をかくことができる。

第1時

合同な図形の意味

本時の目標　合同の意味について理解する。

板書例

クイズ　かくしている図形をあてよう

1

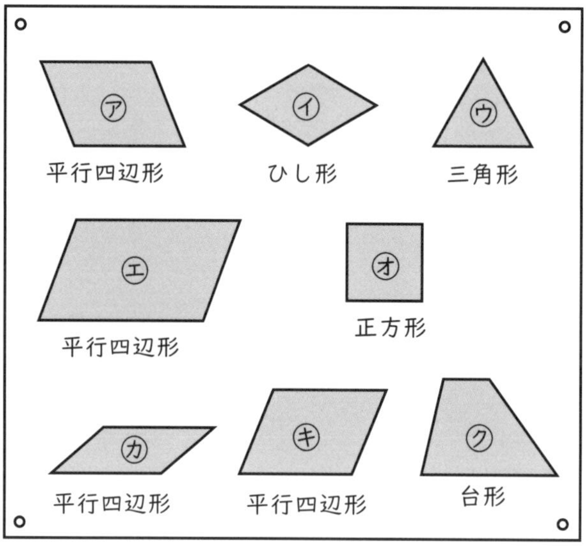

〈ヒント〉
① 辺が4つ
② 平行な辺が2組
③ 辺の長さが4つとも同じではない
④ 2組の辺の長さは4cmと3cm
⑤ 1組の角の大きさは65°

答え
㋐と㋖

[POINT] クイズからの導入で，子どもたちの関心を高めながら，まず四角形の名称と性質の復習をし，合同の学習に入っていくよ

1 先生が封筒の中に隠している図形はどれと同じでしょうか。5つのヒントであてましょう。

㋐〜㋗の図形を（黒板に）提示する。子どもが同じ図形を手元でも見れるようにワークシートを配布する。

㋐〜㋗の図形の名前を確認する。

封筒の中に入っている図形を当てるためのヒントを5つ言うよ。正解できたらいいですね。

T　ヒント1　辺は4つです。
（C　㋒の三角形ではないな。）
T　ヒント2　平行な辺が2組あります。
（C　㋗の台形は違うね。）
T　ヒント3　辺の長さは4本とも同じではありません。
（C　㋔の正方形ではない。）
（C　㋑のひし形も4つの辺の長さが同じだから違う。）
T　ヒント4　2組の辺の長さは，4cmと3cmです。
（C　㋓の平行四辺形は辺の長さが違いすぎる。）
（C　㋐㋕㋖のどれかだろう。）

5つめの最後のヒントは，どんなことを知りたいですか。

㋐㋕㋖は辺の長さも同じなので，「角の大きさ」が必要だと気付く。

C　角の大きさを教えて下さい。
T　ヒント5　1組の角の大きさは65°です。
C　わかりました。㋐の平行四辺形です。
C　㋖の平行四辺形でもいいと思う。
T　㋐でも㋖でもいいのかな。㋐と㋖は同じですか。
C　向きが違うけど，同じだと思うな。

同じかどうか，確かめるためにはどうすればいいと思いますか。

話し合う時間をとります。

準備物	
	[QR] 板書用図 [QR] ワークシート [QR] ふりかえりシート

ICT	
	ワークシートのデータを配信し，子どもたちが問題に合う図形を８つの図形から選んで記入し，共有機能を使って全体共有すると，考えを伝え合いやすくなる。

[2]

まとめ

・ぴったり重ね合わせることのできる２つの図形は「合同である」といいます。
・うら返すとぴったり重ね合わせることのできる２つの図形も「合同である」といえます。

[3] 〈身のまわりから合同のものをさがそう〉

・画用紙
・教科書
・三角定ぎ
・ＣＤ
※子どもたちの意見を板書する。

うにしましょう。

2 同じ図形か確かめてみよう

C　㋐と㋖を合わせてみよう。ぴったり重なるかな。

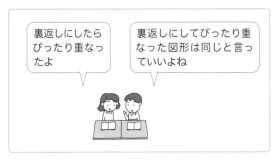

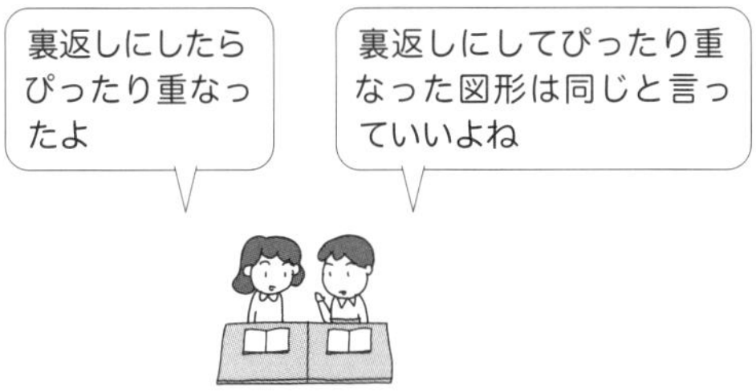
裏返しにしたらぴったり重なったよ
裏返しにしてぴったり重なった図形は同じと言っていいよね

T　このように，２つの図形がぴったり重なるとき，２つの図形は合同であるといいます。裏返してぴったり重なるものも合同といいます。合同な図形は，形も大きさも同じです。㋐と㋖の図形は合同といえます。

学習のまとめをする。

3 身のまわりから「ぴったり重なる」合同のものを探そう。

C　形も大きさも同じものを見つけるのですね。
C　はっきりわからないときは，重ね合わせてみればいいですね。

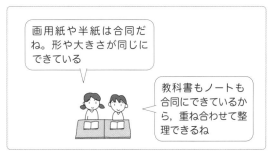

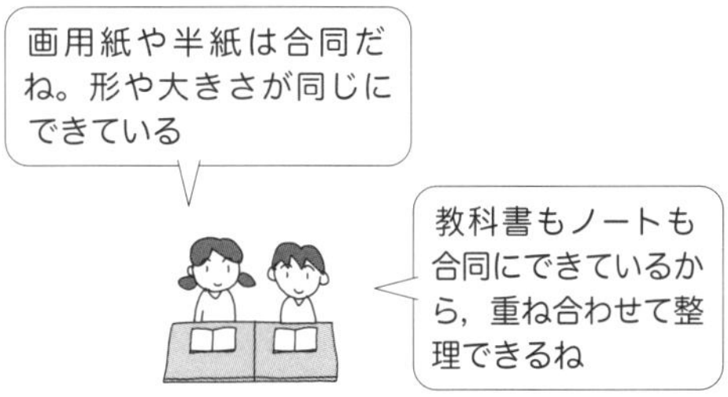
画用紙や半紙は合同だね。形や大きさが同じにできている
教科書もノートも合同にできているから，重ね合わせて整理できるね

ふりかえりシートが活用できる。

対応する頂点, 辺, 角

本時の目標　2つの合同な図形で, 対応する「頂点」「辺」「角」についての意味がわかり, 合同な図形の性質を理解する。

板書例

重なり合う頂点, 辺, 角を調べよう

→ 対応する頂点, 対応する辺, 対応する角

1 〈㋐と㋑は合同な四角形〉

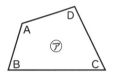

2 〈㋐㋑㋒は合同な四角形〉

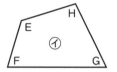
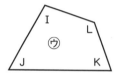

対応する頂点		対応する辺		対応する角	
㋐	㋑	㋐	㋑	㋐	㋑
頂点 A	頂点 E	辺 AB	辺 EF	角 A	角 E
B	F	BC	FG	B	F
C	G	CD	GH	C	G
D	H	DA	HE	D	H

辺ABに対応する辺
　辺LK
頂点Cに対応する頂点
　頂点J
角Dに対応する角
　角I

(POINT) 実際に2つの合同な四角形を重ね合わせる作業を通して, 対応する頂点, 辺, 角を確認する。そして, しだいに動かさなく

1 合同とはどんな2つの図形のことでしたか

C　ぴったり重なる図形です。

C　形も大きさも同じ図形です。

T　2つの四角形を切り取ってぴったり重ねてみましょう。

　ぴったり重なる頂点, 辺, 角を, それぞれ対応する頂点, 対応する辺, 対応する角といいます。

重ねてみたらわかるし, 重ねなくても, 重ねたつもりで考えられるね

頂点Aに対応している頂点は, 頂点Eだね

ワークシートを活用して, 対応する頂点, 辺, 角を確認する。

2 四角形㋒についても調べよう

T　四角形㋒も裏返しになっていますが, 四角形㋐や㋑と合同ですね。

　辺ABに対応する辺はどこでしょうか。

C　裏向きだから, 簡単には答えられないね。

T　四角形㋒も切り取って, ㋐とぴったり重ねて, 重なりあう辺に同じ色を塗れば良く分かります。

それぞれの辺を違う色で塗れば良くわかるよ

辺ABに対応する辺は, 辺LKだとわかったね

四角形㋒についても, ワークシートを活用して, 対応する頂点, 辺, 角について確認する。

3 〈合同な図形で答えよう〉

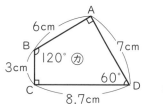

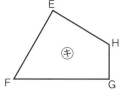

辺 HE　6cm

　GH　3cm

角 F　60°

　H　120°

まとめ｜ 合同な図形では，対応する辺の長さ，対応する角の大きさは
等しくなっています。

4 〈合同か合同でないか説明しよう〉

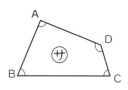

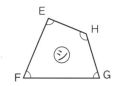

角 A ＝角 E，角 B ＝角 F，
角 C ＝角 G，角 D ＝角 H，
対応する角の大きさは等しいが，
対応する辺の長さも等しくないと
合同とはいえない。

ても，頭の中で動かして考えられるようになっていくようにしましょう。

3 対応する辺の長さや角の大きさを答えよう

T　四角形⑰と合同な四角形㊢の，辺の長さや角の大
　きさがいえますか。

C　合同だったら，対応する辺の長さも対応する角の
　大きさも同じだからわかります。

T　⑰と㊢の四角形は合同です。対応する角の大きさ
　や対応する辺の長さを答えましょう。

裏返しになってい
るからまずは，対応
する辺を調べてお
こう

対応する頂点や辺がわか
れば，測らなくても，辺
の長さや角の大きさが答
えられるね

学習のまとめをする。

4 四角形㊥と㊡は合同といえますか？いえませんか？

T　なぜそういえるのか，考えを説明しましょう。

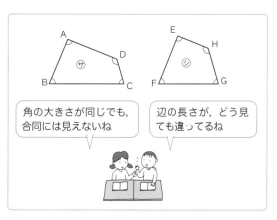

角の大きさが同じでも，
合同には見えないね

辺の長さが，どう見
ても違ってるね

C　対応する４つの辺の長さと４つの角の大きさが
　それぞれみな同じでないと，ぴったり重ならないか
　ら，合同とはいえないです。

ふりかえりシートが活用できる。

四角形を対角線で分けた形

四角形を対角線で分割した三角形が合同かどうかを調べ，四角形を合同な三角形の組み合わせという観点で捉えることができる。

板書例

四角形を対角線で分けてできる三角形を調べよう

〈対角線｜本でできる三角形は合同だろうか〉

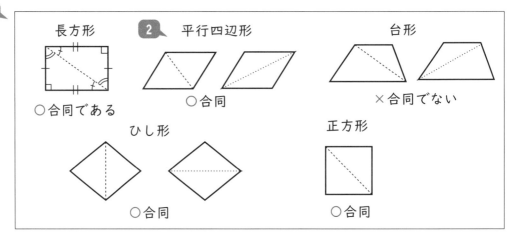

1 長方形 **2** 平行四辺形 台形

○合同である ○合同 ×合同でない

ひし形 正方形

○合同 ○合同

合同な三角形を組み合わせてできる四角形・・・長方形，平行四辺形
ひし形，正方形

(POINT) 子どもたちがまずは予想して考え，そして，それぞれの方法で実際に作業をしながら確かめていくことが大切です。作業を

1 長方形に１本の対角線をひいてできる２つの三角形を調べよう

長方形を提示する。
ワークシートを活用して学習する。

T　長方形に対角線を１本ひいてできた２つの三角形は合同といえるでしょうか。調べてみましょう。

切り取るか，うす紙に写し取って，重ねてみよう

対応する辺の長さや角の大きさで比べよう

２つの三角形が合同であることを確かめる。

2 ほかの四角形でも，対角線を１本ひいて調べてみよう

平行四辺形は対角線をひくところが違うと，できる三角形も違ってるね

どちらでも同じことがいえるのか調べてみよう

C　平行四辺形は，どちらの対角線で分けても合同でした。

C　ひし形は対角線で折って重ねたら，合同とわかります。

C　台形からできた三角形は，合同ではありません。

対角線で分けた２つの三角形が合同か合同でないか，それぞれの四角形で整理しておく。

ICT｜ワークシートのデータを配信し，子どもが図に対角線を引いて表現したものを全体共有すると，課題解決に向けて対話的に考えていくことができる。

3

〈対角線 2 本でできる三角形は合同だろうか〉

長方形	平行四辺形	ひし形	正方形

合同が2組	合同が2組	○4つとも合同	○4つとも合同

4

まとめ

・長方形・平行四辺形・・・向かい合った三角形 2 組が合同
・ひし形　4 つの合同な直角三角形
・正方形　4 つの合同な直角二等辺三角形

通して，理解は確実に深まります。

3　四角形の 2 本の対角線でできる，4 つの三角形が合同かどうか調べよう

まずは，合同か合同でないかを予想して，その理由を話し合う時間もとる。

 長方形は，合同でないと思います。なぜなら，縦と横の辺の長さが違うからです

平行四辺形は向かい合う辺の長さや角の大きさが同じなので，向かい合う三角形は合同になると思います

 ひし形は，合同だと思います。4 つの辺の長さが同じで対角線も垂直に交わっているからです。

それぞれの四角形の特徴や対角線についての性質を，ふりかえることができるようにしておく。

4　2 本の対角線でできる三角形から，それぞれの四角形の特徴をまとめよう

はっきりしない場合は，四角形を切って重ねたり，長さや角度を測るなどして合同かどうかを調べる。

予想通り，ひし形と正方形はすべて合同な三角形ができた

長方形と平行四辺形は，2 組の合同な三角形ができるよ

四角形にひいた 2 本の対角線でできる三角形について，それぞれの四角形でまとめる。

ふりかえりシートが活用できる。

板書例

合同な三角形をかこう①

1

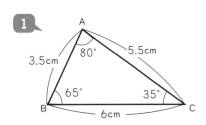

3.5cm　80°　5.5cm
65°　35°
B　6cm　C
A

何がわかればかけるか

〈3つを選ぼう〉

予想

○　3つの辺の長さ

○　3つの角の大きさ　×

○　2つの辺の長さと 1 つの角の大きさ

○　1 つの辺の長さと 2 つの角の大きさ

2　〈3つの辺の長さ〉

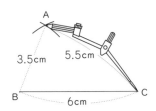

3.5cm　5.5cm
B　6cm　C

① 辺 BC の直線をひく。

② コンパスで 3.5cm と 5.5cm をとる。

③ ②の交点を点 A とする。

④ 点 A から点 B，C へ直線を ひく。

POINT　長さと角の大きさから「3つ選べばかける」という条件を提示し，子どもたちがかき方を考えることができるようにする。

1 合同な三角形をかくため，辺の長さ，角の大きさから3つ選びましょう

問題を提示する。

T　合同な三角形をかくためには，辺の長さと角の大きさから 3 つを選んで，使えばいいのです。みなさんならどの 3 つを選びますか。

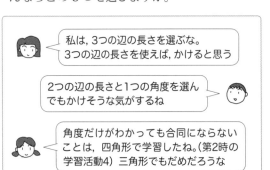

私は，3つの辺の長さを選ぶな。3つの辺の長さを使えば，かけると思う

2つの辺の長さと1つの角度を選んでもかけそうな気がするね

角度だけがわかっても合同にならないことは，四角形で学習したね。（第2時の学習活動4）三角形でもだめだろうな

T　皆さんが考えた方法を一つずつ確かめていくことにしましょう。

2 選んだ3つの辺で，かいてみよう

ワークシートが活用できる。

C　定規とコンパスを使ってかく方法だね。

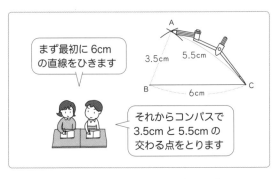

まず最初に 6cm の直線をひきます

3.5cm　5.5cm
B　6cm　C
A

それからコンパスで 3.5cm と 5.5cm の交わる点をとります

T　みなさんも同じようにかいてみましょう。

　6cm の直線からでなく，3.5cm や 5.5cm からかき始めると合同でない三角形になると思う子どもがいる。試しにかいて確かめると納得できる。

　透明シートに解答を印刷しておくと，答え合わせがスムーズにできる。

準備物
・定規・コンパス・分度器
QR 板書用図　　・解答シート
QR ワークシート
QR ふりかえりシート

ICT　子どもたちがノートにかいた図形を写真撮影し，共有機能を使って全体共有することで，対話を通して様々な図形の描き方があることに気づくことができる。

3　〈1つの辺の長さと
　　　その両はしの角度〉

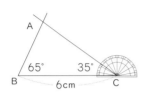

① 辺BCの直線をひく。

② 分度器で角Bの65°と角Cの
　35°をとって，直線をひく。

③ ②の交点を点Aとする。

4　〈2つの方法でかく練習〉

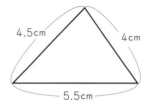

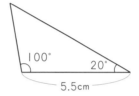

子どもたちから出た考えによって，指導の順番が変更できるように考えておきましょう。

3 1つの辺と2つの角度で, かいてみよう

C　今度は，定規と分度器を使ってかく方法だね。

C　角度は辺の両端の角度だね。

このかき方でも，まずはじめに6cmの直線をひきます

分度器で65°と35°をとり，直線を伸ばせば頂点Aが決まります

T　みんなも同じ方法でかいてみましょう。

　ここでも，他の直線からかき始めたり，左右の角度を反対にしたら合同にならないのではと思う子どもがいる。試しにかいて確かめてみることが大切。

4 2つの方法で合同な三角形をかいてみよう

T　合同な三角形をかく練習です。かき慣れるためにも今日習った2つの方法でかいてみましょう。

私は，3つの辺の長さでかく方法が好きだな。

角度を測って，3つ目の点が決まると嬉しくなるね

T　合同な三角形をかくには，もう一つのかき方があります。それは次の時間にしましょう。

　ふりかえりシートが活用できる。

合同な三角形の作図②

板書例

合同な三角形をかこう②

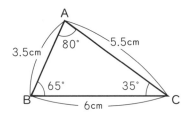

〈2つの辺の長さと1つの角〉

1　（6cm，5.5cm，65°）

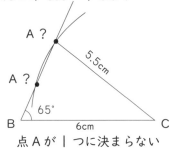

点Aが1つに決まらない

2　（6cm，5.5cm，35°）

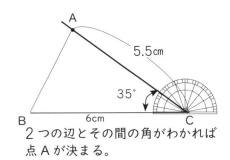

2つの辺とその間の角がわかれば点Aが決まる。

POINT　3つ選んでも合同な三角形がかけない場合を示すことで，かける場合を際立たせて理解を深めましょう。

1 　2つの辺の長さと1つの角度でかいてみよう

T　前の時間に，もう1つ合同な三角形のかき方があると伝えましたね。

C　2つの辺の長さと1つの角の大きさでもかけると思います。

C　6cmと5.5cmそして65°がわかればいい。

T　では，その3つでかいてみましょう。

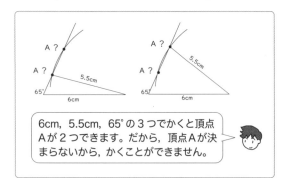

6cm，5.5cm，65°の3つでかくと頂点Aが2つできます。だから，頂点Aが決まらないから，かくことができません。

T　2つの辺の長さと1つの角の大きさは，いい考え方ですよ。65°の位置を変えて選んでみましょう。

2 　2つの辺の長さとその間の角度で，かいてみよう

C　6cmと5.5cmそして，その間の角度35°でかくとどうでしょうか。

T　できるかどうか試してみましょう。

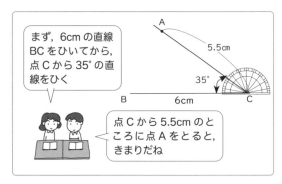

まず，6cmの直線BCをひいてから，点Cから35°の直線をひく

点Cから5.5cmのところに点Aをとると，きまりだね

C　これなら，点Aが1つに決まるね。

C　6cm，3.5cmと65°でもかけるね。

C　皆さんも2つの辺とその間の角でかいてみましょう。

　解答透明シートが班に1枚ずつあると，子ども自身で答え合わせができる。

| 準備物 | ・定規・コンパス・分度器
■QR 板書用図　・解答シート
■QR ワークシート
■QR ふりかえりシート | ICT | 子どもたちがノートにかいた図形を写真撮影し，共有機能を使って全体共有することで，様々な図形の描き方があることを確認することができる。 | |

3

まとめ

〈合同な三角形がかける3つの場合〉
① 3つの辺の長さ
② 1つの辺の長さとその両はしの2つの角の大きさ
③ 2つの辺の長さとその間の角の大きさ
　　　　・・・がわかっているとき

4 〈マスター練習〉

①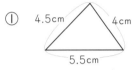

②

③

④

3　合同な三角形のかき方をまとめよう

T　合同な三角形のかき方3つをまとめておきましょう。

3つの辺の長さで，かくことができました	1つの辺と両端の角でかけた	2つの辺とその間の角でかけた

合同な三角形の3つのかき方を書いて，学習のまとめをする。

4　次の三角形と合同な三角形をかきましょう

C　①②③は辺の長さや角の大きさが書いてあります。④の問題は，自分で必要と思う長さや角度を測ってかきましょう。

ワークシートが活用できる。

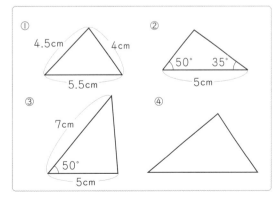

作図の機会を多く作り，かきなれるようにしたい。
ふりかえりシートが活用できる。

合同な四角形の作図

板書例

合同な四角形をかこう

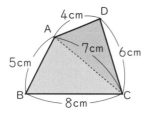

1 4つの辺の長さだけではかけない

↓　もう1つの長さ

2 対角線AC（またはDB）

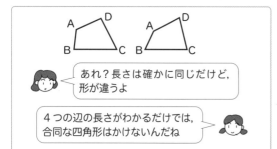

3 〈合同な四角形をかく5つの条件〉

〈その1〉

・辺AB
・辺BC
・辺CD
・辺DA
・対角線AC

〈その2〉

・辺AB　・角B
・辺BC
・辺CD
・辺DA

(POINT) 4つの辺の長さがわかれば合同な四角形がかけるか？模型を使った操作をして，合同にならないことを説明して納得できる

---

1 4つの辺の長さがわかっている合同な四角形ABCDをかいてみよう

4つの辺の長さだけがわかっている四角形を提示し，合同な四角形がかけるかどうかを確かめる。

C　三角形は3つの辺の長さがわかれば合同な図形がかけたから，四角形もかけると思うけど…。

T　かけた人同士で，四角形を比べてみましょう。

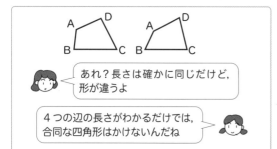

あれ？長さは確かに同じだけど，形が違うよ

4つの辺の長さがわかるだけでは，合同な四角形はかけないんだね

右図のような模型を使って4つの辺の長さが同じでも合同にならないことを見せるとどの子も納得できる。

2 4つの辺とあともう1カ所，どこの長さがわかればいいと思いますか

対角線の長さがわかれば，合同な三角形のかき方を使ってかけると思うな

対角線をひくと，四角形は2つの三角形に分けられるからね

T　四角形を，1本の対角線で2つの三角形に分けることができますね。合同な三角形のかき方を使ってかいてみましょう。

対角線ACをひき，まずは三角形ABCをかくところから始める。

透明な解答シートを準備しておく。

準備物	・定規・コンパス・分度器
	ⓆⓇ板書用図　・解答シート
	・四角形模型
	ⓆⓇふりかえりシート

ICT	子どもたちがノートにかいた図形を写真撮影し，共有機能を使って全体共有して説明し合うことで，様々な角度から合同な四角形の描き方に迫っていくことができる。

〈その3〉

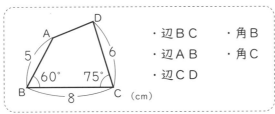

・辺BC　　・角B
・辺AB　　・角C
・辺CD

4 〈合同な台形や平行四辺形をかこう〉

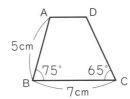
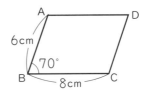

まとめ
・三角形の組み合わせと考えれば，5つの条件でかける。
・台形や平行四辺形ではそれぞれの四角形の性質を使ってかく。

3 四角形を三角形に分けることで，作図する方法をまとめる

C　三角形を2つ組み合わせていると考えればいいね。

　数人の子どもに黒板で説明しながら作図してもらい，教師が手順を確認する。四角形を三角形に分けて，三角形をかく方法を使えば良いことを確かめる。

C　合同な三角形は，3つの条件でかけました。合同な四角形をかくには，条件がいくつ必要でしょうか。

4つの辺の長さと対角線の長さだから，5つ必要だね

4つの辺の長さと1つの角の大きさで5つだな

　他にも3つの辺の長さ（辺BC，辺AB，辺CD）と2つの角（角B，角C）の5つ」を使った方法があるので紹介する。

4 合同な台形や平行四辺形をかいてみよう

条件が5つわからなくても，台形は向かい合った1組の辺が平行だから，かけるね

そうだね。平行四辺形は向かい合った2組の辺が平行で同じ長さだからかけるよ

学習のまとめをする。

ふりかえりシートが活用できる。

図形の角

◎ 学習にあたって ◎

<この単元で大切にしたいこと>

　この単元では，多角形の内角に一定のきまりがあることを学びます。三角形の内角の和について理解すると，それを基に四角形やそれ以上の多角形の内角の和を考えることができます。

　中学校では，三角形の内角の和が 180°であることを，平行線の同位角と錯角は等しいことを使って証明します。小学校ではこの証明はできませんが，三角形の 3 つの角をたし合わせたり，三角形を敷きつめたりすることで，目で見て三角形の内角の和は 180°であることがわかるようにします。四角形の内角の和も，同じように四角形を敷きつめた図を見ると，四角形の内角の和が 360°になることがよくわかります。

　三角形や四角形の内角の和が理解できたら，四角形以上の多角形の内角の和についても，考えることができます。

<数学的見方考え方と操作活動>

　いちばんの基本は，三角形の内角の和が 180°であることです。そこでまず，三角定規の角を導入とします。三角定規の角は（30°，60°，90°）と（45°，45°，90°）であることはすでに学習しています。3 つの角をたすと 180°になることから，「たまたまこの 2 つの三角形がそうなのか」「どんな三角形でも 3 つの角の大きさをたすと 180°になるのか」を考えます。各自が任意の三角形を敷きつめて，どんな三角形でも内角の和は 180°であることに確信を持ちます。

　四角形についても，各自がそれぞれ任意の四角形を敷きつめる操作をすることによって，四角形の内角の和が 360°であることに確信を持ちます。

<個別最適な学び・協働的な学びのために>

　与えられた三角形や四角形ではなく，子どもたち自らが作図したものを操作し，三角形・四角形の内角の和を見つけていきます。班やクラス全員の図形を敷きつめた図を見せ合うことによって，三角形の内角の和は 180°，四角形の内角の和は 360°であることに確信を持ちます。

知識および 技能	三角形や多角形の内角の和について理解している。 三角形や四角形の内角の和を用いて，未知の角度を計算で求めることができる。
思考力，判断力， 表現力等	三角形の内角の和が 180°であることや，四角形の内角の和が 360°であることを見つける方法を知り，多角形の内角の和の法則をとらえることができる。
主体的に学習に 取り組む態度	三角形や四角形の内角の和を基に，図形の角の大きさの性質を調べようとする。 三角形の内角や，四角形，五角形など多角形の内角の和を求めようとする。

◎ 指導計画　5 時間 ◎

時	題	目　標
1	三角形の内角の和	三角形の内角の和が 180°であることがわかる。
2	三角形の角度を計算で求める	三角形の内角の和が 180°であることを利用して，角の大きさを計算で求めることができる。
3	四角形の内角の和	四角形の内角の和が 360°であることがわかり，計算で角の大きさを求めることができる。
4	四角形のしきつめ	四角形のしきつめを通して，どんな四角形でも内角の和は 360°であることを確かめることができる。
5	多角形の内角の和	多角形について知り，多角形の内角の和の求め方を考えることができる。

三角形の内角の和

板書例

三角形の 3 つの角を 1 点に集めてみよう

1 〈三角じょうぎ〉

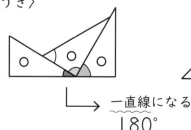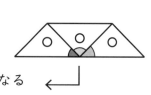

一直線になる
180°

2 〈自分たちが作った三角形〉

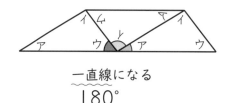

ア ＋ イ ＋ ウ ＝ 180°

一直線になる
180°

POINT　決まった形の三角形に加えて，子どもたちが自由に作った三角形も使うことで，どんな三角形でも内角の和が 180°になる

---

1 同じ三角定規の 3 つの角を 1 つの点に集めてみよう

グループで三角定規を使って実際にやってみる。

C　3 つの角がぴったりおさまって，直線になります。

T　三角定規の角の大きさはそれぞれ何度でしたか。その 3 つの角度を合わせてみましょう。

30°，60°，90°です

もう一つの三角定規も調べてみよう

3 つの角を合わせたら 180°になるから直線になるんだね

もう一つの三角定規も 45°45°，90°だから，たして 180°になるね

三角定規の角の大きさは既習事項だが，はっきり覚えていない子もいることを考え，三角定規の角の大きさを確認することから始めたい。

2 自分たちが作った三角形でも試してみよう

T　ほかの三角形でも 3 つの角を集めると同じように一直線になるでしょうか。試してみましょう。

予想を立ててから操作活動を始める。

＜合同な三角形を 3 枚作る＞
① 用紙を 4 つに折りにし，三角形をかく。
② 切って 4 枚の合同な三角形を作る。
③ 3 枚の三角形を使って，対応する。
　角にア，イ，ウの記号をつける。
※記号をつけることで 3 つの角が 1 点に集まっていることがよくわかる。

 みんな形の違う三角形だけど，角を集めると，どれも一直線になるね

どの三角形も 3 つの角をたすと 180°ということだね

<table>
<tr><td rowspan="2">準備物</td><td>・三角定規　・分度器　・はさみ　・B5 用紙</td></tr>
<tr><td>QR ワークシート　QR ふりかえりシート
QR 板書用図
QR 画像「三角形の内角の和」</td></tr>
</table>

ICT 同じ形の三角定規の3つの角を1点に集めた様子を写真に撮り，その特徴についての気づきを記入したものを全体共有すると，三角形の内角の和に迫りやすい。

3 〈角度を測ってたしかめよう〉

　　○○さんの三角形　　30°＋97°＋53°＝180°

　　○○さんの三角形　　65°＋41°＋74°＝180°

まとめ
> どんな三角形でも，三角形の3つの角の大きさの和は180°です。

4 〈予想してから分度器で調べよう〉

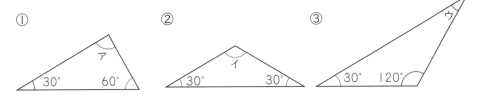

① ア 30° 60°
② イ 30° 30°
③ ウ 30° 120°

ことが理解できます。

3 分度器で角度を測って確かめよう

T　どの三角形も一直線になったね。分度器で測った3つの角の大きさを合わせると180°になるかな。

30°，53°，97°で180°になりました

はじめ65°，74°，40°で179°だったけど，もう一度測りなおしたら180°になった

　測り方によっては，180°にならない場合もあるので，再度計り直すように伝える。どんな三角形でも3つの角を合わせると一直線になって，3つの角の和が180°になることを確認する。

　学習のまとめをする。

4 角の大きさを予想して測ってみましょう

　ワークシートを使って学習する。

C　3つの角のうち2つの角の大きさがわかっているね。

C　三角形の3つの角の和は180°だから，①のアだと90°になりそうだよ。

予想通りの角度になったよ

「三角形の3つの角の和が180°」を使って，計算で求めることもできそうだね

　次時の課題「三角形の角度を計算で求める」へつなぐ活動になる。

　ふりかえりシートが活用できる。

三角形の角度を計算で求める

板書例

三角形の角度を計算で求めよう

三角形の3つの角の和は180°

1
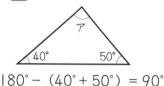

180°−（40°＋50°）＝90°

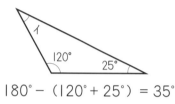

180°−（120°＋25°）＝35°

2 〈二等辺三角形〉

180°−70°×2＝40°

2つの角は同じ大きさ

〈正三角形〉

180÷3＝60

3つの角は同じ大きさ

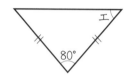

（180°−80°）÷2＝50°

POINT 最後のクのような問題は教科書にはありませんが，しきつめた図を使うなどして解ける面白さを味わえるようにしましょう。

1 三角形のアの角の大きさを求めてみよう

T　分度器を使わない求め方を考えてみましょう。

> 三角形の3つの角の大きさの和は180°とわかっているから，計算で求められるね

> 180°からわかっている2つの角40°と50°をひけばいいね

C　40°＋50°＝90°，180°−90°＝90°
C　180°−（40°＋50°）＝90°と，1つの式にも書けます。
T　イの角の大きさを求めましょう。
C　180°−（120°＋25°）＝35°　35°です。

2 ウの角の大きさを三角形の性質を考えて求めよう

C　二等辺三角形は2つの角の大きさが等しいから，180°−（70°＋70°）で求められるよ
C　180°−70°×2　とも式に書ける。
T　エとオの角の大きさはどうでしょう。どうやって求めたか説明できるよう，ノートに書きましょう。

> エは，二等辺三角形です。エとその隣の角の大きさが等しいから，エは，（180°−80°）÷2で50°になります

> オの三角形は正三角形なので，3つの角の大きさはすべて等しく，180÷3＝60で求められます。どんな正三角形でも同じです

エとオの求め方を発表してもらい全体で確認する。

3

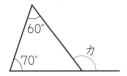

$180° − (70° + 60°) = 50°$
$180° − 50° = 130°$

$180° − (100° + 50°) = 30°$
$180° − 30° = 150°$

まとめ 「三角形の 3 つの角の大きさの和は 180°」を使って，三角形の角の大きさを計算で求めることができる。

4

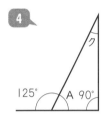

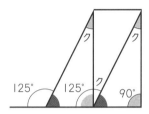

ク（□）＋ 90° ＝ 125° だから
クは 125° − 90° ＝ 35°

3 カのように三角形の外にある角の大きさを求めましょう

T どのようにすれば求められますか。

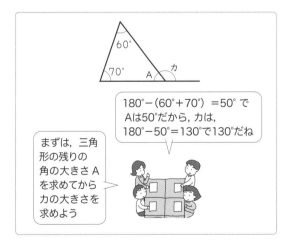

$180° − (60° + 70°) = 50°$ で
Aは50°だから，カは，
$180° − 50° = 130°$ で130°だね

まずは，三角形の残りの角の大きさ A を求めてからカの大きさを求めよう

同じようにキの角の大きさを求める。

学習のまとめをする。

4 ア〜エの角の大きさを求めてみよう

T どのようにすれば求められますか。

C Aは $180° − 125° = 55°$ だから，
$180° − (90° + 55°) = 35°$ クは 35° です。

T 今までに使った方法を組み合わせて求められます。次のようにしきつめてみてもわかります。

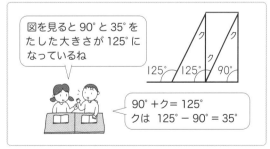

図を見ると 90° と 35° をたした大きさが 125° になっているね

$90° ＋ク＝ 125°$
クは 125° − 90° ＝ 35°

しきつめた図を使うと角の大きさの関係がよくわかる。

ふりかえりシートが活用できる。

板書例

四角形の 4 つの角度の和を調べよう

1 〈長方形〉

$90 \times 4 = 360$
$360°$

↓どんな四角形でも，4 つの角の和は
　360°になるだろうか

2 〈みんなが自由に
　作った四角形〉

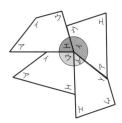 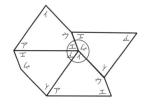

> どんな四角形でも 1 点に
> 4 つの角がすきまなく置ける。

➡ ア ＋ イ ＋ ウ ＋ エ ＝ 360°

POINT 四角形の 4 つの角を 1 点に集めたり，三角形に分けたりして，内角の和が 360°であることを確かめていきましょう。

1 長方形の 4 つの角の和は何度になりますか

子どもが自由にかいた長方形で考える。

> どんな大きさの長方形でも，すべて 360°になるよ

> 長方形は 4 つの角はすべて直角だから 90×4 で 360°になります

T　このことから，四角形の 4 つの角の大きさの和は
　360°といってよいでしょうか。
C　確かに正方形でも 360°になるけど…。
C　長方形や正方形は 4 つの角がすべて 90°だけど，
　ほかの四角形は 90°とは限らないし…。

2 どんな四角形でも内角の和が 360°になるか調べてみよう

　第 1 時の「合同な三角形の作り方」と同じように B5 用紙を 4 つ折りにして自由に四角形をかいて切り取る。対応する角にア～エの記号を書き，合同な四角形を 4 枚作る。

T　1 点にア～エの角を集めてみましょう。

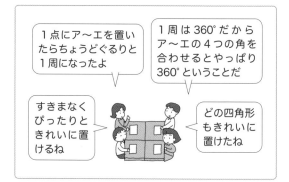

> 1 点にア～エを置いたらちょうどぐるりと 1 周になったよ

> 1 周は 360°だからア～エの 4 つの角を合わせるとやっぱり 360°ということだ

> すきまなくぴったりときれいに置けるね

> どの四角形もきれいに置けたね

3 〈三角形の 3 つの角の和が 180° を利用して〉

① 2 つの三角形に分ける

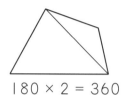

$$180 \times 2 = 360$$

② 4 つの三角形に分ける

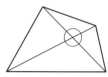

内角をすべてたしたものから，対角線の交わった点に集まった角 360° をひく

$$180 \times 4 - 360 = 360$$

まとめ 　四角形の 4 つの角の和は 360°

4 〈計算で四角形の角の大きさを求めよう〉

① 　角ア
$$360° - (130° + 110° + 70°) = 50°$$

② 　角イ
$$360° - (40° \times 2 + 130°) = 150°$$

③ 　角ウ
$$360° - (90° + 85° + 50° + 60°) = 75°$$

④ 　角エ
$$360° - (100° + 80° + 70°) = 110°$$
$$180° - 110° = 70°$$

---

3 「三角形の内角の和は 180°」を使って説明しよう

T　四角形を三角形に分ける方法で考えてみよう。

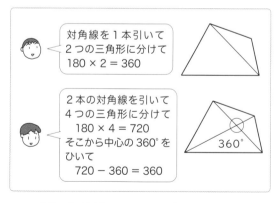

対角線を 1 本引いて
2 つの三角形に分けて
$180 \times 2 = 360$

2 本の対角線を引いて
4 つの三角形に分けて
$180 \times 4 = 720$
そこから中心の 360° を
ひいて
$720 - 360 = 360$

　三角形の分け方が思いつかない子どもには，対角線を引いてみようというヒントを与える。

　三角形に分けて考える方法でも四角形の内角の和が 360° になることを確認する。

　学習のまとめをする。

4 ア～エの角の大きさを求めてみよう

　ワークシートを活用して学習する。

T　ア～エの角の大きさを計算で求めましょう。

三角形と同じように，四角形も 360° からわかっている角度をひいたらいいね

ウは 2 つの三角形に分けて計算してもいいね

エは，求めることのできる大きさから順に求めていけばいい　まずは，四角形の残りの内角の大きさから計算しよう

　ふりかえりシートが活用できる。

第 **4** 時
四角形のしきつめ

本
時
の
目
標

四角形のしきつめを通して，どんな四角形でも内角の和は 360°であることを確かめることができる。

板
書
例

いろいろな四角形をしきつめてみよう

1 〈長方形〉　　　　　　　〈平行四辺形〉

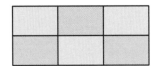 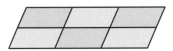

└→ しきつめられる ←┘

2 しきつめられるだろうか？

〈台形〉　　　〈一般四角形〉　　　〈凹四角形〉

〈自分で作ってためしてみよう〉

POINT　しきつめる面白さを楽しみながら学習を進めていきましょう。

1 長方形や平行四辺形をしきつめてみよう

黒板で四角形のしきつめをする。

T　どうしてこのように隙間なくしきつめることができるでしょうか。
C　下の辺，左右の辺が平行だからじゃないかな。
T　では，次のような四角形はしきつめることができるでしょうか。

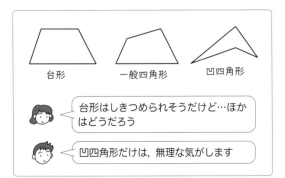

 台形はしきつめられそうだけど…ほかはどうだろう

 凹四角形だけは，無理な気がします

2 台形と一般四角形が，しきつめられるかやってみよう

色紙を 2 枚ずつ使う。それぞれの折り紙を 4 つ折りにして自由に台形と一般四角形をかき，切り取る。表裏を間違わないようにして，対応する角にア〜エの記号をかいておく。

T　4 枚の合同な台形と四角形を，それぞれ隙間なくしきつめてみましょう。できたらノートにはっておきましょう。

台形は簡単にしきつめることができた。

一般四角形は少し難しかったな。でも，しきつめることができたよ。

グループ内で自分の作った台形や四角形のしきつめを見せ合い，それぞれ形の違った台形や四角形でもしきつめられることを確認する。

<table>
<tr>
<td>準備物</td>
<td>・色紙 ・はさみ ・のり
QR 板書用四角形（各種）
QR 画像
「四角形をしきつめよう」（3種）</td>
<td>ICT</td>
<td>子どもたちがスライド機能を活用して自由に四角形を描いて複製し，それぞれを回転・移動させて合わせていくと，様々な四角形の敷き詰めができる。</td>
<td></td>
</tr>
</table>

3 〈台形〉　〈一般四角形〉

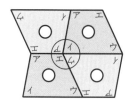

しきつめられる

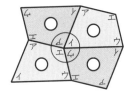

しきつめられる

4 〈凹四角形〉

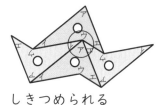

しきつめられる

まとめ

> どんな四角形でもしきつめられる
> ↓なぜ？
> どんな四角形も 4 つの角の和は
> 360° だから

---

3 しきつめる活動から気づいたことや疑問に思ったことを話し合おう

> どれも 1 点にア，イ，ウ，エが集まっています

> 四角形の 4 つの内角の和は 360° だから，4 つの角を 1 つの点に合わせるとしきつめられるんだね

C　三角形の内角の和は 180° だから，一直線に並んで，四角形の内角の和は 360° だから，1 回転になる。

C　五角形や六角形はしきつめられるのかな。

　しきつめる活動からわかったことや気づいたこと，疑問に思ったことなどを全体でも話し合う。黒板では，4 枚だけでなく何枚かしきつめる作業をして楽しむ。

4 凹四角形をしきつめてみよう

C　これも四角形だけど，無理だと思うな。

> 台形や一般四角形のとき，1 つの点に 4 つの角が集まっていたから…これも同じようにしてみようよ

> 凹四角形でも 4 つの角の和が 360° だから，しきつめられるんだね

C　どんな形の四角形でも 4 つの内角の和は 360° なんだ。

　学習のまとめをする。

板書例

多角形の角の大きさの和を求めよう

1 〈三角形〉　　〈四角形〉　　〈五角形〉（5本の直線で囲まれた形）

三角形と四角形

$$180°$$

$$180 \times 2 = 360$$
$$360°$$

$$180 \times 3 = 540$$
$$540°$$

$$180 + 360 = 540$$
$$540°$$

2 〈五角形〉もう一つの考え方　　**3** 〈六角形〉

$$180 \times 5 - 360 = 540$$
$$540°$$

$$180 \times 4 = 720$$
$$720°$$

$$180 \times 6 - 360 = 720$$
$$720°$$

POINT　多角形はすべて三角形に分けられることで，内角の和も規則的に増えていることに気づけるようにしましょう。

1 五角形の角の大きさの和は何度か考えよう

　五角形を提示する。

T　この形は何という形ですか。
C　辺が5本だから五角形です。

　5本の直線で囲まれた形が五角形であること確認し，ノートに任意の五角形をかく。

T　五角形の5つの角の大きさの和は，どうやって求めたらいいでしょう。
C　四角形のときに対角線で2つの三角形に分けたのと同じように，五角形を三角形で分けたらどうだろう。

　五角形を3つの三角形に分けました。
　$180 \times 3 = 540$　540°

　三角形と四角形に分けた。
　$180 + 360 = 540$　540°

2 三角形に分けるほかの方法も考えよう

　四角形の内角の和を求めるときに，対角線で4つの三角形にして考えたことをふりかえる。

C　最後に対角線が交わる点の360°をひいて求めました。
C　五角形も同じようにできないでしょうか。

　図形の中に点をとったら5つの三角形に分けられる

　$180 \times 5 - 360 = 540$で求められるね

　五角形を5つの三角形として360°をひくこの方法は，六角形にも使えそう

　多角形の内角の和を求める方法として教えておきたい。

| 準備物 | QR 板書用多角形 (各種)
QR ふりかえりシート | I C T | 表計算機能を活用して三角形の数と角の大きさの和を整理する表を作って配信すると，子どもたちが調べたことを整理しやすく，それぞれの関係性に着目できる。 |

〈七角形〉

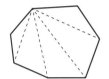

$180 \times 5 = 900$

900°

〈八角形〉

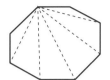

$180 \times 6 = 1080$

1080°

4

	三角形	四角形	五角形	六角形	七角形	八角形
分けた三角形の数	1	2	3	4	5	6
角の大きさの和	180°	360°	540°	720°	900°	1080°

まとめ

（例）
多角形を三角形に分けると，三角形の数が1こずつ
ふえるから角の大きさの和も180°ずつふえている。

---

3 六角形，七角形，八角形の角の大きさの和を求めよう

　六角形，七角形，八角形を提示する。子どもたちはそれぞれが自由に線をひいて，角の和を考えられるようにする。

六角形は，4つの三角形に分けられたよ。
$180 \times 4 = 720$
720°

六角形は三角形が6個
$180 \times 6 = 1080$
それから360°をひく
$1080 - 360 = 720$　720°

　六角形なら四角形2つに分けて求める子もいるだろう。三角形の数には注目させたいが，自分が好む方法でできれば良い。
　七角形，八角形も続けて求めるようにする。

4 多角形の内角の大きさの和について表にまとめて話し合おう

T　三角形から八角形までの分けた三角形の数と角の大きさの和を表にまとめましょう。

三角形の数が
1つずつ
増えています

角の大きさの和は
180°ずつ
増えています

三角形の数は，
その多角形の数
字から2をひい
た数だね

　各人がわかったことを学習のまとめとする。

　ふりかえりシートが活用できる。

偶数と奇数，倍数と約数

◎ 学習にあたって ◎

<この単元で大切にしたいこと>

　　整数の性質を学ぶ内容（倍数，約数，公倍数，公約数，最小公倍数，最大公約数）は，分数の計算などで必要になります。特に，異分母分数の加減計算では，通分に公倍数を，約分に公約数を使います。さらに，最小公倍数で通分すると，計算も楽になります。このことは大変重要なことですが，ややもするとここでの学習が，最小公倍数や最大公約数を求めるテクニックの指導が中心になりがちです。しかし，この単元では整数の持つ不思議さやおもしろさに触れることや，整数の見方・整数に対する感覚を豊かにすることもとても大切です。時間があれば「倍数メガネ」や「パスカルのピラミッド」を行うと，楽しく学習を深めることができます。

<数学的見方考え方と操作活動>

　　整数の性質や法則性の基本的な内容をしっかりと指導していくことが必要です。数直線や数表なども活用しますが，算数ブロックの操作や算数ブロック図などで視覚的にとらえ，説明することができるようにします。

<個別最適な学び・協働的な学びのために>

　　はじめから数字だけを扱うのではなく，なかま分けクイズやパチンゲームなど，子どもたちが興味をもって取り組める導入の工夫が必要です。

　　また，算数ブロックやブロック図によって，具体的な操作を通して整数の特徴や規則性が明確になり，活発な話し合いが期待できます。

◎ 評　価 ◎

知識および技能	偶数，奇数の意味や性質を理解し，整数を偶数と奇数に分類することができる。倍数，公倍数，最小公倍数，約数，公約数，最大公約数の意味を理解し，求めることができる。
思考力，判断力，表現力等	偶数，奇数，ある数の倍数や約数を１つの集まりとして考えている。また，公倍数，公約数をそれぞれの数の倍数や約数の共通の要素からなる集まりとしてとらえている。
主体的に学習に取り組む態度	整数は，偶数や奇数の２つに類別できることに気づき，倍数，約数，最小公倍数，最大公約数を生活の中で用いたりしようとする。

	◎ 指導計画　10 時間 ◎	

時	題	目　標
1	偶数と奇数の意味	整数は偶数と奇数に分けられることがわかり，偶数と奇数の意味を理解する。
2	偶数と奇数の性質	偶数，奇数の意味や性質を理解する。
3	倍数の意味	倍数の意味や性質について理解する。
4	公倍数・最小公倍数①	公倍数・最小公倍数について理解する。
みやようて	倍数メガネ	倍数メガネで，倍数や公倍数の並び方の規則性とそのおもしろさにふれて，興味をもって学習できるようになる。
5	公倍数・最小公倍数②	2 つの数，3 つの数の，公倍数や最小公倍数を求めることができる。
6	公倍数の文章問題	公倍数や最小公倍数の考えを使って，問題を解決することができる。
7	約数の意味	約数の意味や性質について理解する。
8	公約数・最大公約数①	公約数・最大公約数について理解する。
9	公約数・最大公約数②	2 つの数，3 つの数の，公約数や最大公約数を求めることができる。
10	公約数（公倍数）の文章問題	公倍数（最小公倍数），公約数（最大公約数）のどちらを使って問題を解くか判断して，解決することができる。

板書例

整数を2つのなかまに分けよう

1 〈1から20のカードを2つに分けよう〉

㋐ | 2 | 4 | 6 | 8 | 10 |
| 12 | 14 | 16 | 18 | 20 |

㋑ | 1 | 3 | 5 | 7 | 9 |
| 11 | 13 | 15 | 17 | 19 |

交ごに分かれている
2ずつ数が大きくなっている

2

・2のだんの答え
・一の位が　0，2，4，6，8
・2でわりきれる

偶数（ぐうすう）

・2でわりきれない

奇数（きすう）

POINT　偶数，奇数をブロックで並べてみると，2つの数の特徴や規則性が見つけやすくなります。

---

1 整数をどんなきまりで2つに分けているのか考えよう

T　ここに順番をバラバラにした1から20までのカードがあります。カードを㋐と㋑の2つの仲間に分けていきます。

　　はじめの10枚くらいは教師が偶数と奇数に分けてカードを黒板に貼っていく。

T　どんなきまりで分けているか考えましょう。

T　次のカードは㋐と㋑のどちらのなかまですか。

2 どんな仲間分けか説明しよう

　　㋐と㋑のカードを小さい数から順に並べ替えます。

T　では，㋐と㋑はそれぞれどんな数の集まりでしょう。2つに分けた数を見て気づいたことを発表してください。

C　数が，㋐と㋑に交互に分かれています。

C　どちらも2ずつ数が大きくなっています。

C　㋑は，5÷2＝2あまり1，7÷2＝3あまり1のように，2でわると，1あまります。

準備物	ICT
・数字カード ・ブロック [QR] ふりかえりシート	スライド機能を活用して数字カードを作って配信すると，子どもは数字カードの位置を移動させて仲間ごとに整理し，偶数と奇数に分けることができる。

3 〈ブロックで表してみよう〉

㋐ 2　4　6　8　10

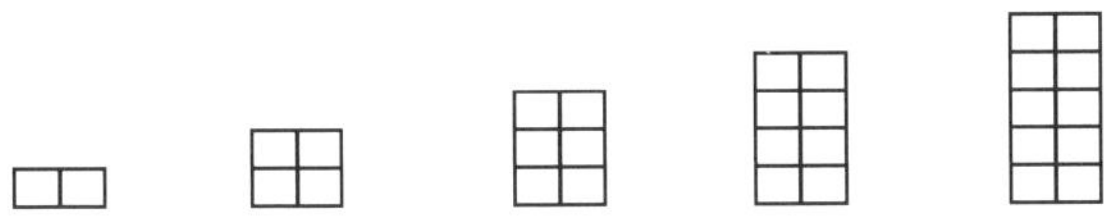

長方形（正方形）
2つに分けられる
偶数（ぐうすう）

㋑ 1　3　5　7　9

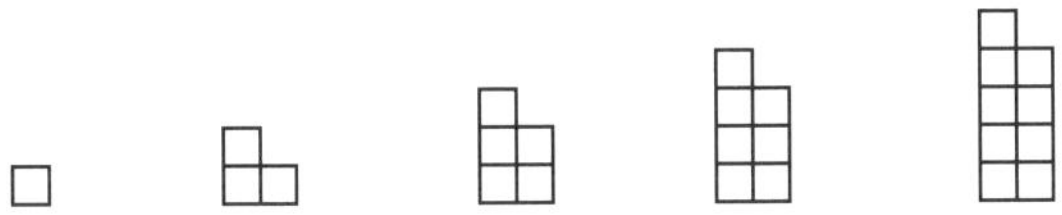

でっぱりがある
2つに分けると1あまる
奇数（きすう）

4 〈偶数と奇数に分けよう〉

① 46　② 55　③ 71　④ 100　⑤ 1789

偶数（ぐうすう）　奇数（きすう）

3 ㋐と㋑の数をブロックを並べて比べよう

ブロックを使って1～10までの数を並べていき，気づいたことなどを話し合う。

T　㋐と㋑はそれぞれどんな形になっていますか。

㋐

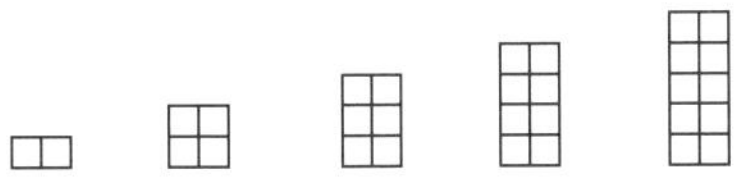

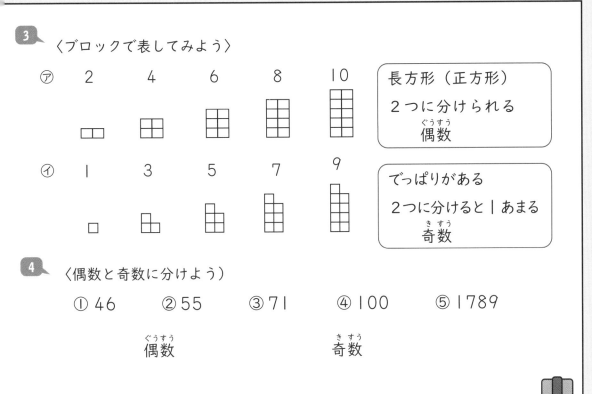

㋐は，ぴったり2列だから，2でわり切れるということだ

㋑

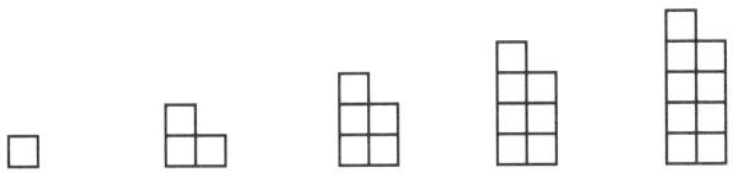

㋑は，でっぱりができるから，2でわると1あまるということだ

4 仲間分けのポイントは，2でわりきれるかどうかです

T　2でわりきれる整数を**偶数**，2でわりきれない整数を**奇数**といいます。

学習のまとめをする。

T　次の数を偶数か奇数に分けてみましょう。

46　55　71　100　1789

46は2でわりきれるから　偶数
55は2でわりきれないから　奇数

大きい数になっても一の位を見れば，偶数か奇数かわかるね

ふりかえりシートが活用できる。

偶数と奇数の性質

板書例

偶数と奇数をくわしく調べよう

1

⓪ [1] ② [3] ④ [5] ⑥ [7] ⑧ [9] ⑩ [11] ⑫ [13]   ○ 偶数
　　　　　　　　　　　　　　　　　　　　　　　　□ 奇数

0 は偶数

・偶数と奇数が交ごにならぶ
・整数は偶数か奇数に分かれる

整数

偶数	奇数
0, 2, 4	1, 3, 5,
6, 8	7, 9
…	…

・偶数の一の位
　0, 2, 4, 6, 8

・奇数の一の位
　1, 3, 5, 7, 9

(POINT) ブロックや図を使って，「奇数＋奇数＝偶数」や「奇数＋偶数＝奇数」になることを視覚的に理解できるようにしましょう。

1 数直線で偶数には○, 奇数には□をつけよう

C 偶数と奇数は交互に並んでいます。

C ずっと，偶数と奇数が繰り返して続くんだね。

C 順番でいうと 0 は偶数になる。

T 100 までの数の表を見て，偶数全てに○をつけましょう。

　　ワークシートを活用する。

偶数の一の位は，2，4，6，8，0
奇数の一の位は，1，3，5，7，9になっています

どんな大きな数でも一の位を見れば偶数か奇数か分かるね

　本時の内容は，多少前時と重なる部分もあるが，対象とする数を増やすことで，偶数と奇数の性質をより確かなものにしていく。

2 偶数と奇数を式で表してみよう

T 算数ブロックで表した偶数と奇数は，どんな特徴がありましたか。

C 偶数は，長方形の形で2つに分けられました。

C 奇数は，2つに分けると，1あまりました。

T ブロック図を式で表すとどうなるでしょう。

$4 = 2 \times \boxed{2}$　　$5 = 2 \times \boxed{2} + 1$　　$6 = 2 \times \boxed{3}$　　$7 = 2 \times \boxed{3} + 1$

偶数は2×□，奇数は2×□＋1で表すことができるね

準備物
QR ワークシート
・ブロック
QR 「パスカルのピラミッド」シート
QR ふりかえりシート

I C T ワークシートのデータを配信し，子どもが数直線上に偶数と奇数に分けてマークをつけたものを全体共有することで，偶数と奇数の概念に迫ることができる。

2 〈偶数と奇数を式で表そう〉

4　　5　　6　　7　　8　　9

2×2　2×2＋1　2×3　2×3＋1　2×4　2×4＋1

3 〈偶数と奇数のたし算はどうなる？〉

4

偶数　＋　偶数　＝　偶数

奇数　＋　奇数　＝　偶数

偶数　＋　奇数　＝　奇数

〈パスカルのピラミッドに挑戦しよう〉

3 奇数＋奇数，偶数＋奇数は，偶数，奇数のどちらになりますか

T　なぜそうなるのか話し合いましょう。
C　偶数の4と8をたしたら，12。12は，偶数だね。
C　他の偶数と偶数でやってみても，やっぱり偶数だ。
C　偶数＋偶数＝偶数だったから，奇数と奇数なら，奇数になると思うな。ブロックを使って考えよう。

 でっぱりのある奇数と奇数は向きを変えたら，ぴったりで組み合うから偶数になるよ

でっぱりなしの偶数と，でっぱりありの奇数を合わせたら，必ずでっぱりありの奇数になるね

4 偶数，奇数のたし算の結果をまとめよう

C　偶数＋偶数＝偶数
C　奇数＋奇数＝偶数
C　偶数＋奇数のときだけ奇数になる。
　学習のまとめをする。
T　この3つのきまりを使って「パスカルの三角形」に挑戦してみましょう。
　上の2つをたして偶数なら赤で，奇数なら青で塗っていきます。どんな模様が現れるでしょうか。
　「パスカルの三角形」は発展内容なので，楽しむ気分で取り組む程度に考えておく。
　ふりかえりシートが活用できる。

本時の目標　倍数の意味や性質について理解する。

キャラメルの個数から考えよう

1 　I 箱 4 個入りのキャラメルの，
10 箱までの数を調べよう

$4 \times \boxed{1} = 4$ 　　$4 \times 6 = 24$
$4 \times 2 = 8$ 　　$4 \times 7 = 28$ 　$\Big)+4$
$4 \times 3 = 12$ 　$4 \times 8 = 32$
$4 \times 4 = 16$ 　$4 \times 9 = 36$
$4 \times 5 = 20$ 　$4 \times 10 = 40$

4 の倍数

まとめ

4 に整数をかけてできる数を
4 の倍数といいます。
0 は，倍数には入れません。

2 〈数直線に表す〉

4 の倍数　0　1　2　3　④　5　6　7　⑧　9　10　11　⑫　13　14　15　⑯　17　18　19　⑳

3 の倍数　0　1　2　③　4　5　⑥　7　8　⑨　10　11　⑫　13　14　⑮　16　17　⑱　19　20

POINT　倍数の性質をブロックを使って説明することで，数字や数直線からだけでは見えてこない倍数の仕組みを，視覚的に捉える

1 キャラメルの箱が増えると，キャラメルの個数はどうなりますか

問題文を提示する。

T　1 箱に 4 個ずつ入っているキャラメルの箱が，2 箱，3 箱…，と増えると，キャラメルは何個になりますか。10 箱まで調べましょう。

$4 \times 2 = 8$，$4 \times 3 = 12$，
$4 \times 4 = 16$，$4 \times 5 = 20 \cdots$
$4 \times$ 箱の数　だね。

4 個ずつふえているから，4 の段のかけ算で求められる

T　このように，4 に整数をかけてできる数を，4 の**倍数**といいます。0 は，倍数には入れません。

2 数直線上に倍数を表してみよう

T　数直線で，4 の倍数を○で囲みましょう。

C　4，8，12，16，20，…です。

C　4 の倍数はいくらでもあるよね。$4 \times 100 = 400$ もそうだし，$4 \times 78 = 312$ もそうだね。

T　同じように数直線で 3 の倍数を○で囲みましょう。

3 の倍数ということは，3 に整数をかけてできる数で，いくらでもあるね

4 の倍数は偶数ばかりだったけど，3 の倍数は，偶数も奇数もあるよ

数直線をいくつか準備しておき，4 や 3 の倍数だけでなく，ほかの数の倍数も調べる機会をつくりたい。

倍数についてのまとめを書く。

3 〈ブロックで表す〉

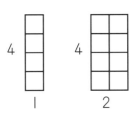

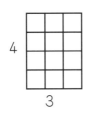

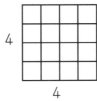

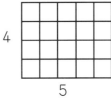

長方形（正方形）になる
4の倍数は4でわりきれる

4 〈4の倍数＋4の倍数＝4の倍数になるか〉

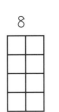

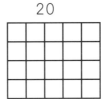

ことができるようになります。

3 ブロックで倍数を表してみよう

C　4の倍数だから4ずつ増えているよ。

C　4のかたまりで増えるから必ず長方形か正方形になるんだね。だから偶数ばかりになるんだ。

T　わり算にしたらどんなことがいえますか。

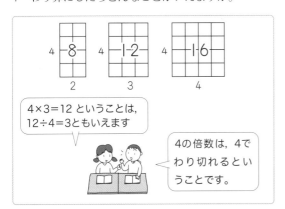

4×3＝12 ということは，
12÷4＝3ともいえます

4の倍数は，4でわり切れるということです。

C　例えば388は4の倍数かどうか調べるには，388÷4でわり切れたら4の倍数ということだね。

4 4の倍数＋4の倍数＝4の倍数でしょうか

C　例えば数字で考えたら，8＋12＝20　で，20は4の倍数になっているよ。

T　ブロックの図を使って説明してみましょう。

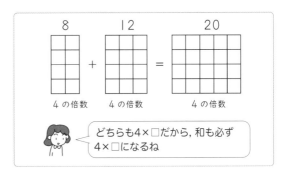

どちらも4×□だから，和も必ず4×□になるね

　時間があれば，他の倍数でも同じことがいえることを確かめてみると学びが深まる。

　ふりかえりシートが活用できる。

板書例

パチンゲームをしよう ～倍数で手をたたこう～

1　A　2の倍数　　　　　　　　B　3の倍数
　　　1, ②, 3, ④…　　　　　　1, 2, ③, 4…

〈AとBが同時にたたくのは？〉　6番目

⑥, 12, 18, 24, 30…

2
2の倍数　0 1②3④5⑥7⑧9⑩11⑫13⑭15⑯17⑱19⑳21㉒23㉔

3の倍数　0 1 2③4 5⑥7 8⑨10 11⑫13 14⑮16 17⑱19 20㉑22 23㉔

2と3の公倍数は，6, 12, 18, 24‥
2と3の公倍数は6の倍数になっている

POINT　パチンゲームで楽しく盛り上がって公倍数の学習を始めよう。ゲームを通して印象深く公倍数の学習ができる。

1 パチンゲームをやってみよう

T　班でAとBの2つのグループに分かれて，リズムに合わせて手をたたきます。

　Aグループは2の倍数のとき，Bグループは3の倍数のときに手をたたきます。

　みんなで1, 2, 3, 4‥と数を唱えながらやってみましょう。

　グループ別々に1, 2回練習した後で，一緒に合わせてする。

A　1, 2, 3, 4, 5, 6, 7, 8, …

B　1, 2, 3, 4, 5, 6, 7, 8, …

　はじめはゆっくりとする。何度かしていくと慣れてくるので，長く続ける。長く続くと手をたたく回数も増え，同時に手をたたくところが規則的にあることに気がつくようになる。

　4人の班であれば，2人ずつに分かれて練習する。そして，どの班が長く続けてできるかを競い合うのも1つの方法として良い。

T　同時に手をたたいたときの数はいくつですか。
C　6, その次は12です。
T　それは，どうしてですか。
C　2の倍数でもあるし，3の倍数でもあるからです。
T　次，同時にたたく数はいくつですか。

同時にたたく数は，12の次は18，そして24となります

6の倍数になっているね

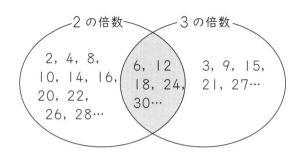

まとめ
- ・２と３の共通な倍数を２と３の公倍数という。
- ・公倍数のうちでいちばん小さい数を最小公倍数という。
  （２と３の最小公倍数は６）

3

〈２つの数の最小公倍数〉

①　３と４　公倍数 12, 24・・　　　最小公倍数　12

②　２と４　公倍数 4, 8, 12・・　　最小公倍数　4

③　４と６　公倍数 12, 24・・　　　最小公倍数　12

---

2 数直線で，2と3の倍数に○をつけてみよう

T　２の倍数でもあり，３の倍数でもある数に赤で○をつけましょう。

T　6，12，18，24 のように，２の倍数でも３の倍数でもある数を，２と３の**公倍数**といいます。
　また，公倍数のうちでいちばん小さい公倍数を**最小公倍数**といいます。２と３の最小公倍数は６です。
　学習のまとめをする。

---

3 次の2つの数の最小公倍数をみつけよう

T　数直線を使ってやってみましょう。
　ワークシートを使って学習できる。

①　３と４　　②　２と４　　③　４と６

①　　３と４の場合

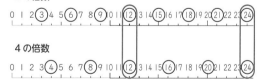

最小公倍数　12

ふりかえりシートが活用できる。

倍数メガネ

板書例

倍数メガネを作ろう

1 〈倍数に○をつけてみよう〉　　**2** 〈倍数の並びで発見したこと〉

2の倍数

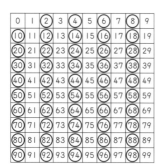

3の倍数

3の倍数は
ななめにつながって
並んでいる。

4の倍数は１つ
とばして，
ななめに並んでいる。

9の倍数はななめに
並んでいる一列と
99です。

POINT 「倍数メガネ」や倍数の並び方の面白さにふれて，こんな算数の勉強もあるのかと感じることができたらいいですね。

1 99までの数の倍数に○をつけよう

0〜99までの数がかかれた台紙を8まいずつ配布する。グループで活動する。

T　2の倍数に○をつけましょう。

C　縦に一列に並んでいるね。

　　全てできるまで時間をとる。全員が作業の要領を理解できていることを確認する。

T　3の倍数，4の倍数・・・9の倍数まで別々の台紙に○をつけていきましょう。

2 倍数の並びを見て発見したことを書いて発表しよう

T　グループで話し合ったことを書いて発表しよう。

C　たくさんあるから，一つずつ書いていこう。

T　書いたものを黒板にはって発表しましょう。

　　同じ内容のことを書いていても，表現に違いがあるので，教師は，そこを捉えて評価していく。

3 〈倍数メガネを作ろう〉

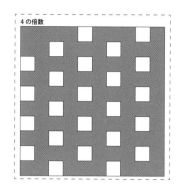

4 の倍数

手順

1 点線にそって，ていねいに切ろう。

2 倍数メガネを台紙に合わせて置いてみよう。

3 倍数メガネで倍数が見える。

4 〈2 つの倍数メガネを重ねてみよう〉

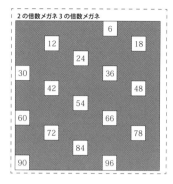

2 の倍数メガネ 3 の倍数メガネ

◎ 2 と 3 の倍数メガネを重ねると 2 と 3 の公倍数（6 の倍数）が見える。

◎ 4 と 6 の倍数メガネを重ねると 4 と 6 の公倍数（12 の倍数）が見える。

〈感想を書こう〉

---

3 倍数メガネを作ろう

　透明シートにコピー機で印刷した「倍数メガネシート」を配布する。

T　それぞれのシートの点線のところを丁寧にはさみで切りましょう。

台紙の上におけば，倍数が見えるから倍数メガネだね

これがあれば，倍数が一目でわかるね

　透明シートが金額的に安くないので，2 人に 1 組でも良い。
または，時間はかかるが，ケント紙（画用紙でも可）に印刷して倍数の枠をカッターで切り抜く方法でも作ることができる。

4 2 つの倍数メガネを重ねて見てみよう

T　2 と 3 の倍数メガネを重ねて台紙の上に置くと，何が見えますか。

C　6 の倍数が見えます。

C　2 と 3 の公倍数になっています。

2 枚の倍数メガネを重ねると，2 つの数の公倍数が見えるのおもしろいね

3 枚の倍数メガネを重ねると，3 つの数の公倍数が見えるよ

　学習の感想を書く。

板書例

公倍数・最小公倍数を求めよう（数直線を使わないで）

1
2　〈4と6の公倍数〉

Aさんの考え　　4の倍数　　4　8　⑫　16　20　㉔　28　32　㊱　40　44　㊽

　　　　　　　　6の倍数　　6　⑫　18　㉔　30　㊱　42　㊽　…

Bさんの考え　　4の倍数　　4　8　12　16　20　24　28　32　36　40　44　48…

　　　　　　　6の倍数かどうか　×　×　○　×　×　○　×　×　○　×　×　○

Cさんの考え　　6の倍数　　6　12　18　24　30　36　42　48　…

　　　　　　　4の倍数かどうか　×　○　×　○　×　○　×　○

Dさんの考え　　最小公倍数　（12，　24，　36，　48…）　公倍数は最小公倍数の倍数
　　　　　　　　　　　　　　　　　　×2　×3　×4

POINT　大きい数の倍数を書き出し，その中から，最小公倍数を見つけ出す方法をとっていますが，この方法だけに限る必要はあり

1 4と6の公倍数・最小公倍数を見つけよう

T　数直線を使わずに公倍数を3つ求めましょう。

C　4の倍数にも6の倍数にもなっている数だね。

C　4の倍数と6の倍数を書き出してみよう。

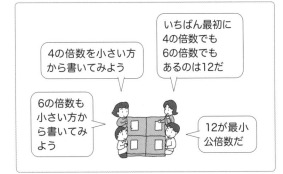

いちばん最初に
4の倍数でも
6の倍数でも
あるのは12だ

4の倍数を小さい方
から書いてみよう

6の倍数も
小さい方か
ら書いてみ
よう

12が最小
公倍数だ

　数直線を使わないで公倍数を見つけ出す方法をグループで考えるようにする。グループでの話し合いをもとに発表できるように伝えておく。

2 4と6の公倍数の求め方を話し合おう

　多様な考え方をしっかり受け止め，認める。

C　それぞれの倍数を書き出して，同じ数を見つける。

C　4の倍数と6の倍数を書き出してみよう。（A）

C　4の倍数を書き出して，6の倍数を見つける。（B）

C　6の倍数を書き出して，4の倍数を見つける。（C）

C　4と6の最小公倍数を見つけて，その数の倍数を調べる。（D）

　どれが合理的でわかりやすい方法かを，子どもたちが判断できるようしたい。そして，最小公倍数を見つけると，公倍数は簡単に見つかることを確認する。

4×6＝24は，
最小公倍数では
ないね。

最小公倍数を見つける
ことが大切だ！！

3　〈2と3と4の公倍数を3つ〉

4 の倍数　　4　　8　⑫　16　20　…
2 の倍数　　○　　○　○　　○　　○
3 の倍数　　×　　×　○

　　　　　　　　　　　　最小公倍数

（12，24，36）
　　×2　　×3
12，24，36

4　〈12と18の公倍数〉

「はしご算」を使ってする方法

2) 12　18
3) 6　　9
　　②　　③

②×③×②×③＝ 36

にかける
18 × 2 ＝ 36
12 × 3 ＝ 36　　36 が最小公倍数

まとめ
（例）
・2つ，3つの数の中でいちばん大きい数の倍数を書き出し，その中から，最小公倍数を見つけ出す。
・公倍数は最小公倍数の倍数になっている。

ません。

3　2, 3, 4の公倍数を小さい方から3つ求めましょう

C　3つの数の最小公倍数をまずは見つけよう。
C　いちばん大きい4の倍数を書き出す方法がいいと思ったから，その方法でしよう。

4の倍数を書き出して，その中で2と3の倍数を見つけよう

最小公倍数は12だから，あとは，12の倍数で，24，36になるね

　倍数メガネを作っていたら，考えた答えを倍数メガネで確かめるようにする。
　学習のまとめは，自分でいちばん納得でき，わかると思えた方法を書くようにする。

4　《発展》
「はしご算」を使って最小公倍数を求めよう

12と18の最小公倍数の求め方

2) 12　18　　12と18をどちらでもわれる数でわる。
　　6　　9　　12と18を2でわると，6と9
　　↓
2) 12　18　　6と9をどちらでもわれる数でわる。
3) 6　　9　　6と9を3でわると，2と3
　　②　　③　　これ以上われないので，これで終わり。
　　↓
②×③×②×③＝ 36

にかけると
18×2 ＝ 36
12×3 ＝ 36　　36 が最小公倍数

わった数とわりきれずに残った数を，すべてかけても，最小公倍数になる。

ふりかえりシートが活用できる。

公倍数の文章問題

板書例

同じになるときをみつけよう

1　高さが8cmのおかしの箱と，6cmのおかしの箱があります。
それぞれ積み上げて，最初に高さが等しくなるのは，何cmのときですか。

2　8と6の最小公倍数で，答えを求めることができる

8の倍数　　 8　 16　 24　 32　 40　 48　 56　 64　 …
6の倍数かどうか ×　 ×　 ○　 ×　 ×　 ○　 ×　 ×

<u>24cm</u>

$$8cm \times 3 = 24cm$$
$$6cm \times 4 = 24cm$$

POINT　大きい数の倍数を書き出し，その中から，最小公倍数を見つけ出す方法をとっていますが，この方法だけに限る必要はあり

1 箱を積み上げるイメージをもち，解決の道筋をつかむ

T　8cmの箱を積み上げていきます。1箱，2箱…
6cmの箱を積み上げていきます。1箱，2箱…
高さは，それぞれ何cmになりますか。

8cmの箱の方は，8cm，16cm，24cmと高くなっていくよ

6cmの箱の方は，6cm，12cm，18cmと高くなっていくね

C　高さはそれぞれ8の倍数と6の倍数だから，最小公倍数を調べればいいね。

2 最小公倍数で答えを求めよう

8の倍数　　 8　 16　 24　 32　 40　 48　 56　 64　 …
6の倍数かどうか ×　 ×　 ○　 ×　 ×　 ○　 ×　 ×

8と6の最小公倍数を調べたら，24だから，最初に高さが同じになるのは24cmです

T　24cmになったときに，8cmの箱は何箱で6cmの箱は何箱ですか。
C　8cmの箱は3箱で6cmの箱は4箱です。
T　次に高さが同じになるのは何cmですか。
C　24cmの倍数になるはずだ。
C　48cmです。

③

> 駅前から，山頂へ行くバスは16分おきに出ています。
> 同じ駅前から，海の家へ行くバスは20分おきに出ています。
> 2台のバスが8時ちょうどに駅前を発車しました。次，同時に発車するのは何時何分ですか。

④　16と20の最小公倍数で答えを求めることができる

20の倍数	20	40	60	80	100	120
16の倍数かどうか	×	×	×	○	×	×

80分後だから，1時間20分後

<u>9時20分</u>

ません。

3 時間の経過を倍数で表して，解決の道筋をつかむ

C　16分おきということは16分の次は，16×2で32分です。その次は，16×3で48分。

C　16と20の最小公倍数を調べてみよう。

4 時刻を考えて最小公倍数で答えを求めよう

20の倍数	20	40	60	80	100	120
16の倍数かどうか	×	×	×	○	×	×

20と16の最小公倍数は80だから80分後ということだね

C　8時の80分後，1時間20分後ということだから9時20分だね。

T　さらにその次に出発が同じになる時刻は，何時何分かわかりますか。

C　9時20分のさらに1時間20分後だから10時40分。その次は，12時ちょうどになりますよ。

ふりかえりシートが活用できる。

板書例

12個のブロックで長方形を作ろう

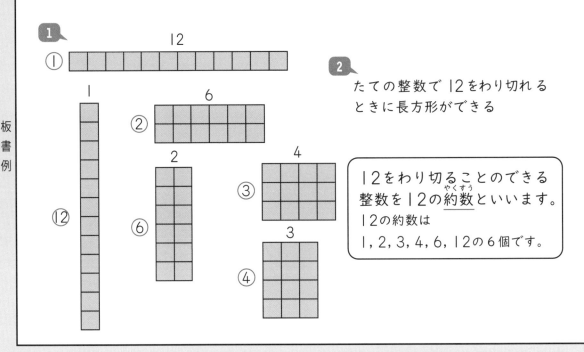

1

① | 12 |

2

たての整数で12をわり切れる
ときに長方形ができる

② 6

① 1

⑫

2
⑥

③ 4

④ 3

12をわり切ることのできる
整数を12の**約数**といいます。
12の約数は
1, 2, 3, 4, 6, 12の6個です。

POINT 約数を見つけるポイントは，「約数をペアで見つける」ことです。このきまりを使えば，約数をもれなく見つけることがで

1 12個のブロックを使って長方形を作ろう

T 12個全部を使って，できるだけ多くの種類の長
方形を作ってみましょう。

　子どもたちはブロックを使って考え，ノートのマス目を使
って図をかいて記録しておくようにする。

T 隣の人とかいた長方形を比べてみましょう。同じ長
方形ができましたか。

全部で6種類
作れたよ

向きを変えたら同じ
長方形もあるけどね

黒板でも6種類の長方形をブロックで作る。

2 長方形になるのは縦が何個のときですか

C 1個、2個、3個、4個、6個、12個です。
T 縦が5個のときはなぜ長方形ができないのですか。
C 5にかけて12になる整数がないからです。
T 1, 2, 3, 4, 6, 12のように，12をわり切るこ
とのできる整数を12の**約数**といいます。
C 「倍数」は，その数に整数をかけてできる数で，「約
数」はその数をわり切ることのできる数なんだ。

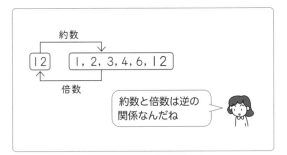

約数と倍数は逆の
関係なんだね

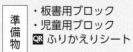

| 準備物 | ・板書用ブロック
・児童用ブロック
QR ふりかえりシート | I C T | 表計算機能を使ってブロック図を作って配信すると，子どもたちは視覚的にある数の約数を見つけるイメージをもつことができる。 |

3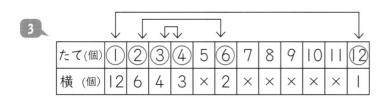

約数は，
ペアで
見つけよう

4

〈16 の約数〉

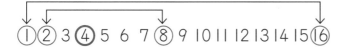

〈18 の約数〉

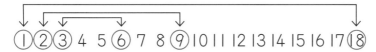

きます。

3 6種類のブロックを見て，気づいたことがありましたね

C　向きを変えると同じものがあります。

C　縦も横も 12 の約数ということですね。

T　12 を 2 でわると，商は 6 ですね。12 をわった 2 も，その商の 6 も 12 の約数ということになります。

縦と横の個数を表にまとめる。

4 ペア関係を使って次の約数を見つけよう

T　16 と 18 の約数を見つけてみましょう。

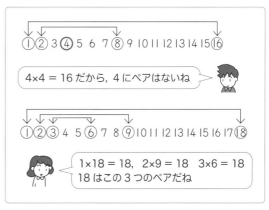

ふりかえりシートが活用できる。

公約数・最大公約数①

あまりなく配れる人数を考えよう

1　12個のりんごと18個のみかんをそれぞれ同じ数ずつ子どもに配ります。どちらもあまりがなく分けられるのは，子どもが何人のときですか。

〈まずは，別々に考えよう〉

板書例

2

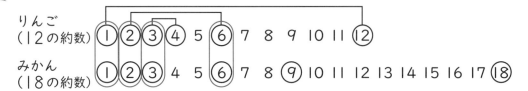

りんご
（12の約数）　①②③④ 5 ⑥ 7 8 9 10 11 ⑫

みかん
（18の約数）　①②③ 4 5 ⑥ 7 8 ⑨ 10 11 12 13 14 15 16 17 ⑱

〈どちらもあまりなく配れる子どもの人数は〉

1人，2人，3人，6人

POINT　公約数の「公」には「共通に」という意味があり，「約」には「わり切れる」の意味があることも伝えてみましょう。

1　問題を解決する道筋を考えよう

問題文を提示する。
C　りんごだけ，みかんだけなら約数を使ってそれぞれ求めることができるよ。
C　まずは，りんごとみかんをあまりなく分けられるのは何人のときか，それぞれ調べてみよう。

りんごは，12の約数だから，12÷1，12÷2，…で調べていこう

約数は，ペアで見つけていけば良かったね

12と18の約数が正しく求められるかどうか確認しておく。

2　あまりなく分けられる人数を求めよう

T　りんごとみかんがあまりなく分けられる人数は，それぞれ何人になりましたか。
C　りんごは，1，2，3，4，6，12人です。
C　みかんは，1，2，3，6，9，18人です。
T　どちらもあまりがなく分けられるのは何人のときですか。

どちらにもある約数を見つければいいね

どちらにもある共通の約数は，1，2，3，6です

1人，2人，3人，6人のときということだね

3 まとめ

1, 2, 3, 6のように
12と18の共通な約数を
12と18の**公約数**といいます。

公約数のうちで
いちばん大きい数を
最大公約数といいます。

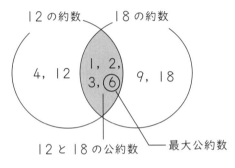

12 の約数　　18 の約数

4, 12　1, 2, 3, ⑥　9, 18

12 と 18 の公約数　　最大公約数

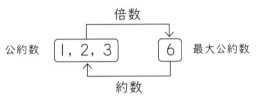

公約数　1, 2, 3　　6　最大公約数

倍数

約数

4 〈公約数・最大公約数を求めよう〉

$\begin{pmatrix} 20 & (1, 2, 4, 5, 10, 20) \\ 24 & (1, 2, 3, 4, 6, 8, 12, 24) \end{pmatrix}$
公約数（1, 2, 4）最大公約数（4）

$\begin{pmatrix} 15 & (1, 3, 5, 15) \\ 17 & (1, 17) \end{pmatrix}$
公約数（1）最大公約数（1）

3　どちらの数にもある約数について知ろう

T　1, 2, 3, 6のように，12の約数にも18の約数にもなっている数を，12と18の**公約数**といいます。**公約数**の中でいちばん大きい数は何ですか。

C　いちばん大きい公約数は，6です。

T　いちばん大きい公約数を**最大公約数**といいます。

学習のまとめをする。板書にあるベン図にまとめる。

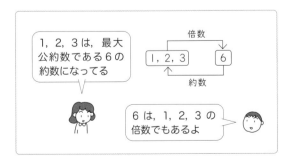

1, 2, 3は，最大公約数である6の約数になってる

6は，1, 2, 3の倍数でもあるよ

倍数

1, 2, 3　6

約数

4　公約数と最大公約数を求める練習をしよう

T　【20と24】【15と17】の公約数と最大公約数を求めましょう。大切なのは，約数をもれなく見つけることです。

それぞれの数の約数を求めてから，公約数を見つける方法で進める。

20と24の公約数は，1, 2, 4で，最大公約数は4だね

15と17の公約数は1しかない最大公約数も1だ

ふりかえりシートが活用できる。

公約数・最大公約数 ②

板書例

公約数・最大公約数を求めよう

1
2

〈18 と 24 の公約数〉　　　1，2，3，6

Aさんの考え

18の約数　1　2　3　6　9　18
24の約数　1　2　3　4　6　8　12　24

Bさんの考え

18の約数　　　1　2　3　6　9　18
24の約数かどうか　○　○　○　○　×　×

Cさんの考え

24の約数　　　1　2　3　4　6　8　12　24
18の約数かどうか　○　○　○　×　○　×　×　×

Dさんの考え　　6　　　1，2，3
　　　　　　　　└─ 約数 ─┘

公約数は最大公約数の約数になっている

まとめ

小さい方の数の約数を並べてみると，公約数を見つけやすくなる。

POINT　どの方法がより合理的でわかりやすい方法かをグループなどで話し合い，数学的見方・考え方を高めていきましょう。

1　18と24の公約数の求め方を考えよう

C　18 の約数にも 24 の約数にもなっている数だね。
C　それぞれの約数を調べて共通の数を取り出したらよかったよ。
T　もっと簡単に見つけられる方法があるでしょうか。

> 公倍数を求めるときには大きい数の倍数を書き出して，もう一方の数の倍数を見つけていたね

> 公約数は，最大公約数の約数になっていたから，最大公約数を求めたらいいと思うな

グループでの話し合いを聞いて，多様な考えが出せるようにしておく。

2　どんな方法があるか発表して話し合おう

多様な考えを出し合って全体で話し合う。

C　それぞれの約数を書き出して，共通の数を見つける方法です。　　　　　　　　　　　　　　(A)
C　18 の約数を書き出して，その中から 24 の約数を見つける。　　　　　　　　　　　　　　(B)
C　24 の約数を書き出して，その中から 18 の約数を見つける。　　　　　　　　　　　　　　(C)
C　18 と 24 の最大公約数を見つけてその約数から調べる。　　　　　　　　　　　　　　(D)

どの方法で求めるのがわかりやすい方法なのか話し合う。

(B) の方法だと書き出す数も少なくてすむが，それに限る必要もない。

準備物 [QR] ふりかえりシート

ICT 子どもがノートに公約数の見つけ方を表などにまとめたものを写真撮影し，共有機能で全体共有すると，様々な切り口から公約数を見つけられることを掴める。

3 〈はしご算の方法〉

```
②) 18  24
③)  9  12
     3   4
```

②×③＝6 ← 最大公約数

4 〈12と18と24の公約数〉

12の約数	1	2	3	4	6	12
18の約数	○	○	○	×	○	×
24の約数	○	○	○	○	○	○

1，2，3，[6] ← 最大公約数

```
③) 12  18  24
②)  4   6   8
     2   3   4
```

3×2＝6
最大公約数は6

6の約数は，1，2，3，6

3 「はしご算」を使って最大公約数を求めよう

18と24の最大公約数の求め方

㋐
```
②) 18  24
     9  12
```
18と24をどちらでもわれる数でわる
18と24を2でわると，9と12

↓

```
②) 18  24
③)  9  12
     3   4
```
9と12をどちらでもわれる数でわる
9と12を3でわると，3と4
これ以上われないので，終わり

↓

②×③＝[6]

わった数（公約数）をすべてかけると，最大公約数になる

㋑
```
6) 18  24
    3   4
```

㋒
```
3) 18  24
2)  6   8
    3   4
```

㋐〜㋒のどの方法でも，共通してわれる数を見つけたのであれば良い。

4 公約数と最大公約数を求める練習をしよう

T 【12，18，24】の3つの数の公約数と最大公約数を求めましょう。

C 3つの数の約数を調べて共通の数を見つけよう。

C いちばん小さい数12の約数を調べて，その数が，18と24の約数になっているかを調べよう。

```
③) 12  18  24
②)  4   6   8
     2   3   4
```

3×2＝6　　最大公約数は6
6の約数は，1，2，3，6

はしご算でも見つけられるね

ふりかえりシートが活用できる。

公約数（公倍数）の文章問題

板書例

公倍数・公約数のどちらを使う問題かな

1

1 たて6cm, 横8cmの長方形の紙を<u>しきつめて正方形をつくります</u>。
<u>いちばん小さい</u>正方形の1辺の長さは何cmになりますか。

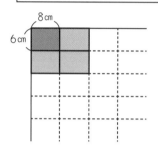

2

| たて | 6 | 12 | 18 | 24 | … | (cm) |
| 横 | 8 | 16 | 24 | 32 | … | (cm) |

最小公倍数

答え　1辺 24cm

まとめ

公倍数…「しきつめる」「積む」「時間がたつ」　数が大きくなる

POINT　本時の2問は文章だけでは内容が理解できない子もいます。実際にしきつめたり，切り分けたりする操作を行って，公倍数

1 1の問題文から大きくなるイメージをもとう

ワークシートを活用して学習できる。
問題文を読んで，「しきつめる」とはどういうことか簡単な図に表し，紙が増え広がっていくことをイメージさせたい。実際に板書でしきつめて見るとはっきりわかるようになる。

T　縦と横の長さはそれぞれのように変わっていきますか。

縦は6cmだから，6の倍数として変わっていくよ

横は8cmだから，8の倍数として変わっていくね

2 正方形ができるときの縦と横の長さはどうなっていますか

正方形だから縦と横の長さは同じになります

つまり6と8の公倍数を求めたらいいんだ

C　いちばん小さい正方形とあるので，6と8の最小公倍数を求めて，…1辺は24cmになります。

T　図で確かめましょう。

公倍数の問題のポイントは，「しきつめる」「積み上げる」「時間が経つ」すべてが「(数が) 大きくなる，増える」ということ。「大きくなる」イメージを図を使って，しっかりと掴ませたい。

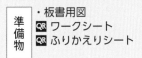

準備物	・板書用図 QR ワークシート QR ふりかえりシート	I C T	子どもがノートに公倍数や公約数の見つけ方を表などでまとめて写真撮影し，共有機能で全体共有すると，対話的に文章題の解法に迫っていくことができる。	

3 | ②

たて12cm，横18cmの方眼紙をあまりが出ないように同じ大きさの正方形に切り分けます。1辺を何cmの正方形にすればよいですか。

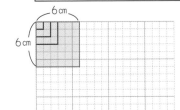

たて ①②③ 4 ⑥（cm）・・・12の約数
横 　①②③⑥ 9（cm）・・・18の約数

答え　1cm，2cm，3cm，6cm

4

まとめ　公約数…「切り分ける」「分ける」「分かれて」　数が小さくなる

〈練習をしよう〉

③
10の倍数	10	20	30
6の倍数にある	×	×	○

30cm

④
24の約数	1	2	3	4	6	8	12	24
36の約数にある	○	○	○	○	○	×	○	

12ふくろ

や公約数が適用できるイメージを作りましょう。

3 問題文から小さくなるイメージをもとう

　②の問題文を読んで，「切り分ける」とはどういうことか簡単な図に表し，現在の大きさより小さくなることを理解させたい。

T　縦と横がそれぞれあまりなく切り分けられるのは，何cmのときですか。

C　縦の12cmは，1，2，3，4，6，（12）cmのときです。

C　横の18cmは，1，2，3，6，9，（18）cmのときです。

T　正方形なので縦と横の長さはどうなりますか。

縦と横が同じ長さは，
1，2，3，6cmだね

1辺が6cmの正方形
だと，いちばん大きい
正方形に分けられるね

最後に図で確かめる。

4 ワークシートの③〜⑥で練習をしてみよう

　公約数の問題のイメージは，「（数が）小さくなる」こと。「切り分ける」「分ける」「分かれて」などのことばがキーワードとなる。
　学習のまとめをする。

C　③〜⑥の問題を公倍数，公約数のどちらを使って求める問題か考えてしましょう。

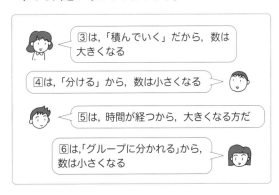

③は，「積んでいく」だから，数は
大きくなる

④は，「分ける」から，数は小さくなる

⑤は，時間が経つから，大きくなる方だ

⑥は，「グループに分かれる」から，
数は小さくなる

ふりかえりシートが活用できる。

分数と小数，整数の関係

◎ 学習にあたって ◎

<この単元で大切にしたいこと>

分数の指導にあたって，量としての分数（量分数）と割合としての分数（割合分数）を意識して指導することが必要です。日常生活では割合の分数を使うことも多いですが，この単元で扱う分数のほとんどが量分数です。

$\square \div \bigcirc = \dfrac{\square}{\bigcirc}$ の学習も，単位をつけて量分数を意識して指導することが大切です。

また，「わり算の答えをなぜ分数で表すことができるのか」「半端の量を表すのになぜ分数と小数があるのか」といった子どもの疑問に応えられるように，半具体物や図，数直線を使った学習ができるようにします。

<数学的見方考え方と操作活動>

小数は，連続量の半端を常に 10 等分したもので数値化します。それに比べて分数は，連続量を任意の分割で数値化しようとするものです。この小数と分数のちがいを意識して指導します。分数を小数になおしたり，小数を分数になおしたりして，小数と分数を自由に行き来できるようになれば，数の世界が豊かに広がります。

<個別最適な学び・協働的な学びのために>

連続量を小数で表すことと分数で表すことのちがいがわかり，分数と小数・整数を相互に行き来できる力は，これからの学習に生かせる場面も多くなります。また，半端な量を扱う分数と小数の特徴に気づくことは，数の世界を豊かなものにできるでしょう。

知識および 技能	整数の除法の商は，分数を用いると常に1つの数として表せることを理解し，分数を小数になおしたり，小数・整数を分数になおしたりすることができる。
思考力，判断力， 表現力等	分数を小数，整数に変換することができ，分数を用いると常に1つの数として表せることをとらえることができる。
主体的に学習に 取り組む態度	整数の除法の商を分数で表すことのよさを知り，分数と小数・整数の関係を調べようとする。

◎ 指導計画 5時間 ◎

時	題	目　標
1	わり算の商を分数で表す	整数のわり算の商は，分数を用いて表せることを理解する。
2	分数 を 小数に	分数を小数で表す方法を理解し，分数を小数や整数で表すことができる。
3	小数，整数を 分数に	小数，整数を分数で表す方法を理解し，小数や整数を分数に直すことができる。
4	分数，小数，整数の大きさ比べ	分数，小数，整数の大きさを比べることができる。
5	分数倍	整数や小数の倍と同じように，分数でも倍を表せることを理解する。

わり算の商を分数で表す

板書例

□ L のジュースを 3 等分しよう

1 □ L のジュースを 3 人で等分すると 1 人分は何 L ですか。

式

〈6L では〉
$6 \div 3 = 2$　　　2 L

〈1L では〉
$1 \div 3 = 0.333\cdots$

2

〈2L では〉
$2 \div 3 = 0.666\cdots$

〈4L では〉
$4 \div 3 = 1.333\cdots$

〈1 人分〉

1L → $\frac{1}{3}$ L

1L → $\frac{2}{3}$ L

1L → $\frac{4}{3}$ L

POINT 1L を 3 等分すると $\frac{1}{3}$ L になることは学習済みです。それをもとに，2L，4L を 3 等分すると何 L になるかを図を使って操作

---

1 □ L のジュースを 3 等分すると 1 人分は何 L ですか。

T　ジュースが 6 L あります。3 人で等分すると，1 人分は何 L ですか。どんな式で求められますか。

C　$6 \div 3 = 2$ で，1 人分は 2 L になります。

C　1 つ分を求めるには，わり算です。

T　ジュースが 1 L だとどうでしょうか。

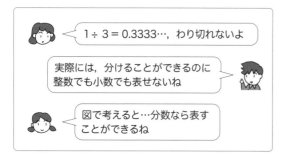

$1 \div 3 = 0.3333\cdots$，わり切れないよ

実際には，分けることができるのに整数でも小数でも表せないね

図で考えると…分数なら表すことができるね

C　1 人分は $\frac{1}{3}$ L です。

$1 \div 3 = \frac{1}{3}$ であることを図で確認する。

2 2L のジュースを 3 等分すると 1 人分は何 L ですか。

T　2L の場合はどうなるでしょうか。

C　$2 \div 3 = 0.6666\cdots$，わり切れません。

C　分数で表すことができるかな。

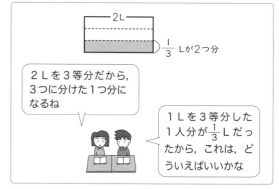

2L を 3 等分だから，3 つに分けた 1 つ分になるね

1 L を 3 等分した 1 人分が $\frac{1}{3}$ L だったから，これは，どういえばいいかな

C　$\frac{1}{3}$ L が 2 つ分だから，$\frac{2}{3}$ L だね

3 気をつけよう

$\dfrac{1}{3}$ L とは？

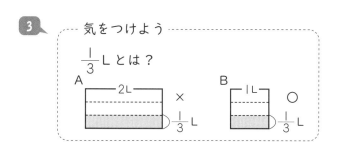

4

まとめ

整数どうしのわり算の商は，わられる数を分子，わる数を分母とする分数で表せます。

$$\square \div \bigcirc = \dfrac{\square}{\bigcirc}$$

しながら，じっくり考えることを大切にしましょう。

3 $2 \div 3 = \dfrac{2}{3}$ を図で確かめよう

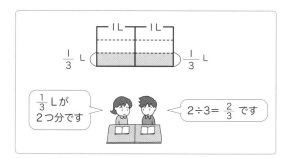

$\dfrac{1}{3}$ L が2つ分です

$2 \div 3 = \dfrac{2}{3}$ です

A図を見て，答えを $\dfrac{1}{3}$ L と思う子がいるかもしれない。

$\dfrac{1}{3}$ L は，1L を3等分した1つ分であることを図で示して理解を図る。

T 4L を3等分した1人分は何 L になりますか。

C $\dfrac{1}{3}$ L が4つ分で… $\dfrac{4}{3}$ L です。

$4 \div 3 = \dfrac{4}{3}$ であることを図で確認する。

4 1÷3，2÷3，4÷3の図と答えを並べて気がついたことをまとめよう

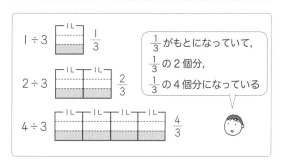

$1 \div 3$

$2 \div 3$

$4 \div 3$

$\dfrac{1}{3}$ がもとになっていて，$\dfrac{1}{3}$ の2個分，$\dfrac{1}{3}$ の4個分になっている

C $\square \div \bigcirc$ は，$\dfrac{1}{\bigcirc}$ の $\square$ 個分を表しているね。

C 分数はわり算の商を表せることがわかったよ。

T 整数どうしのわり算の商は，わられる数を分子，わる数を分母とする分数で表せます。$\square \div \bigcirc = \dfrac{\square}{\bigcirc}$

学習のまとめをする。
ふりかえりシートが活用できる。

分数を小数に

板書例

分数を小数で表そう

> 2mのテープを5等分します。
> 1本分の長さは何mですか。

1

式

$$2 \div 5 = 0.4$$

$$\underline{0.4\,m}$$

式

$$2 \div 5 = \frac{2}{5}$$

$$\underline{\frac{2}{5}\,m}$$

2

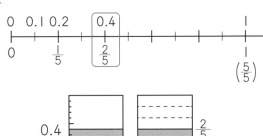

$$0.4 = \frac{2}{5}$$

POINT 分数と小数の大きさ比べでは，教師の方から比べ方を提示するのではなく，子どもたちの話し合いを通して比べ方を見つけ

---

1 テープ1本分の長さを小数と分数で表そう

問題文を提示する。

C　1本分を求めるから，式は 2 ÷ 5 になります。

> 2÷5 = 0.4
> わり切れるから小数
> で表せるよ

> 商は分数で表せたよ
> 2÷5 = $\frac{2}{5}$ です

C　1本分の長さは 0.4 m と $\frac{2}{5}$ m，2通りあるね。

C　2 ÷ 5 の商は小数と分数どちらでも表されるね。

T　…ということは，0.4 と $\frac{2}{5}$ は同じ大きさということ
　なのでしょうか。

---

2 0.4 と $\frac{2}{5}$ が同じ大きさか確かめよう

T　数直線に表して，同じ大きさかどうか確かめてみ
　ましょう。

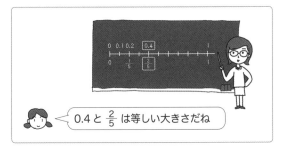

> 0.4 と $\frac{2}{5}$ は等しい大きさだね

T　水槽の図にも表して比べてみましょう。

水槽の図でも確かめる。

C　ものの大きさは，小数と分数2通りで表せるという
　ことですね。

C　どんな数でも小数と分数で表せるのかな。

T　$\frac{5}{5}$ ＝ 1 だから，分数を整数で表せることもありま
　すね。

3 〈大きさ比べをしよう〉

㋐ $\dfrac{3}{4}$　　㋑ $\dfrac{5}{7}$　　㋒ 0.72　　　　㋐ ＞ ㋒ ＞ ㋑

　↓　　　　　↓

小数で表そう

㋐ $\dfrac{3}{4} = 3 \div 4 = 0.75$

㋑ $\dfrac{5}{7} = 5 \div 7 = 0.7142\cdots$　　小数では正確に表せないものもある

まとめ

分数を小数で表すには，分子÷分母の計算をする。

4 〈分数を小数や整数で表そう〉

㋐　$1\dfrac{3}{5}$　　　　　　　　　　㋑　$\dfrac{15}{5}$

$1\dfrac{3}{5} = \dfrac{8}{5}$　　　　　　　　$\dfrac{15}{5} = 15 \div 5$

$\dfrac{8}{5} = 8 \div 5$　　　　　　　　　　$= 3$

$= 1.6$　　$\underline{1.6}$　　　　　　　　　$\underline{3}$

ていく過程を大切にしましょう。

3 $\dfrac{3}{4}$，$\dfrac{5}{7}$，0.72 の大きさ比べをしよう

C　それぞれの数を図や数直線に表したら，比べられるけど，難しそうです。

C　全部小数にすれば比べられるよ。

C　□÷○＝$\dfrac{□}{○}$ だから，㋐の $\dfrac{3}{4}$ は 3÷4 で計算したらいいね。3 ÷ 4 = 0.75　　$\dfrac{3}{4} = 0.75$

$\dfrac{5}{7}$ は 5÷7 だから，0.71428…
あれ？わり切れないよ

わり切れない場合もあるね。
でも，大きさは比べることができるよ

T　分数を小数で表すには，分子を分母でわります。$\dfrac{5}{7}$ のように小数では正確に表せないものもあります。

　学習のまとめをする。

4 $1\dfrac{3}{5}$ と $\dfrac{15}{5}$ を小数や整数で表そう

C　$1\dfrac{3}{5}$ は帯分数だから，$\dfrac{8}{5}$ の仮分数になおして 8 ÷ 5 で計算しました。$1\dfrac{3}{5} = 1.6$ になります。

C　私は，$\dfrac{3}{5}$ を 3 ÷ 5 = 0.6 として，1 と 0.6 を合わせて 1.6 になりました。

$\dfrac{15}{5} = 15 \div 5$ だから，3 です。
小数ではなく整数になるよ

整数で表せる分数もあるんだね

ふりかえりシートが活用できる。

小数，整数を分数に

板書例

小数，整数を分数で表そう

1
$$\frac{7}{10} = 7 \div 10$$
$$= 0.7$$

〈0.7 を分数に変身させる方法〉

2

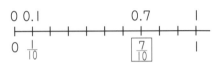

$$0.1 = \frac{1}{10}$$

0.7 は 0.1 の 7 個分

0.7 は $\frac{1}{10}$ の 7 個分　　$\frac{7}{10}$

〈1.5 を分数で表そう〉

1.5は　0.1の15個分

$$1.5 = \frac{15}{10} \quad \left(\frac{3}{2}\right)$$

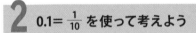

POINT　3年生で学習した「分数と小数の関係」を思い出し，数直線で「$\frac{1}{10} = 0.1$」をしっかりと確かめましょう。

1　0.7を分数に変身させてみよう

T　前の時間には，分数を小数に変身させましたね。

C　分数から小数に変身できたから，きっと小数から分数への変身もできる方法があるはずだよね。

> 3 年生のとき分数と小数を比べたことがあったね
> 1 を 10 個に分けて，その 1 つ分が 0.1 と $\frac{1}{10}$ だったよ

> 0.1 = $\frac{1}{10}$ だから，
> 0.7 = $\frac{7}{10}$ だね

2　$0.1 = \frac{1}{10}$ を使って考えよう

T　$0.1 = \frac{1}{10}$ です。0.7 は 0.1 の 7 個分ですね。つまり，$\frac{1}{10}$ の 7 個分で $\frac{7}{10}$ になります。

T　1.5 を分数で表すとどうなるでしょう。

C　同じように考えたら，1.5 は 0.1 が 15 個分。つまり，$\frac{1}{10}$ の 15 個分で $\frac{15}{10}$ （$\frac{3}{2}$）になります。

　　$0.1 = \frac{1}{10}$ から，$\frac{1}{10}$ の何個分かで考えればよいことを確かめる。

3 〈0.17を分数で表そう〉

$$0.01 = \frac{1}{100}$$

0.17は　0.01の17個分

0.17は　$\frac{1}{100}$　の17個分

$$0.17 = \frac{17}{100}$$

4 〈4（整数）を分数で表そう〉

$$\square \div \bigcirc = 4 \qquad \frac{\square}{\bigcirc} = \square \div \bigcirc$$

$$4 \div 1 \quad \rightarrow \quad \frac{4}{1} \qquad\qquad \frac{4}{1}$$

$$8 \div 2 \quad \rightarrow \quad \frac{8}{2}$$

$$12 \div 3 \quad \rightarrow \quad \frac{12}{3}$$

⋮

まとめ

・小数は 10，100 などを分母とする分数で表すことができます。

・整数は 1 を分母とする分数で表すことができます。

3　0.17 を分数で表してみよう

C　小数第 2 位まである小数だから，0.1 （$\frac{1}{10}$）が何個分かでは表せないね。

C　0.1 のようにもとになる数は…。

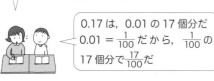

0.17 は，0.01 の何個分かで考えたらどうかな

0.17 は，0.01 の 17 個分だ 0.01 ＝ $\frac{1}{100}$ だから，$\frac{1}{100}$ の 17 個分で $\frac{17}{100}$ だ

C　小数は，10，100 などを分母とする分数で表すことができますね。

4　整数を分数で表してみよう

T　4 だとどうなりますか。

C　□÷○＝$\frac{\square}{\bigcirc}$を使って考えられるよ。

C　□÷○＝4 になるわり算の式を考えて，$\frac{\square}{\bigcirc}$で表したらいいね。

答えが4になるわり算は，4÷1，8÷2，12÷3…まだあるよ

$\frac{4}{1}$，$\frac{8}{2}$，$\frac{12}{3}$ で表せる。分子を分母の 4 倍の数にしたらいい

T　整数は，1 などを分母とする分数で表すことができます。

C　1 を分母にするのが，いちばん簡単だね。

学習のまとめをする。
ふりかえりシートが活用できる。

分数，小数，整数の大きさ比べ

板書例

数の大きさ比べ

1 〈 $\frac{5}{6}$ と 0.7 の大きさを比べよう〉

2 ㋐　分数にそろえる

$0.7 = \frac{7}{10}$

$\frac{5}{6}$ と $\frac{7}{10}$ → $\frac{25}{30}$ > $\frac{21}{30}$

通分する

$\frac{5}{6}$ > 0.7

㋑　小数にそろえる

$\frac{5}{6} = 5 \div 6$

$= 0.8333\cdots$

$0.8333 > 0.7$

$\frac{5}{6}$ > 0.7

POINT　分数と小数のどちらに揃えたら比べやすいか，その子なりの理由があるはずなので，しっかり話し合いができるようにしま

1 $\frac{5}{6}$ と0.7の大きさを比べよう

T　$\frac{5}{6}$ と 0.7 はどちらが大きいですか。どうやって考えたかを後で聞きます。

C　分数か小数，どちらかに形を揃えたら比べやすくなると思う。

> 0.7 を分数に変えてみよう
> $0.7 = \frac{7}{10}$, 　$\frac{5}{6}$ と $\frac{7}{10}$
> を通分して…

> $\frac{5}{6}$ を小数に変えてみよう。
> $5 \div 6 = 0.8333\cdots$

機間指導をしながら、子どもたちがどんな方法で比べているかを把握しておく。

2 比べ方を話し合おう

T　みんなの考え方を見ると大きく2つの比べ方がありました。㋐分数に揃えて比べる　㋑小数に揃えて比べるです。

　　どちらの方法で比べたかを挙手で確かめる。（他の考え方もあれば㋒とする。）

T　なぜ㋐（㋑）にしたのか，話し合いましょう。

> どんな数でも分数なら表せるから㋐です。
> でも，通分が大変でした

> ㋑です。
> わり切れなくても，数の大きさ比べはできるし，大きさがわかりやすいです

3 〈数直線に表して大きさを比べよう〉

$$[\ 1.2 \quad 0.8 \quad \frac{2}{5} \quad \frac{1}{4} \quad \frac{4}{2} \quad \frac{7}{4}\ ]$$

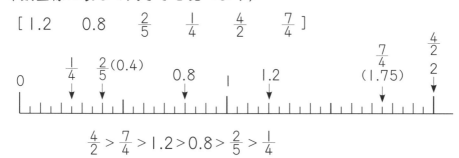

$$\frac{4}{2} > \frac{7}{4} > 1.2 > 0.8 > \frac{2}{5} > \frac{1}{4}$$

まとめ
> 小数，整数または分数のどちらかにそろえることで，数の大小を比べることができる。

4 〈分数のいろいろな意味〉

① もとの大きさの $\frac{2}{3}$ ② 単位をつけて表す ③ $\frac{2}{3} = 2 \div 3$

わり算の商

しょう。

3 次の数を数直線に表して大きさを比べよう

T それぞれの数を数直線に表してみましょう。

$1.2 \quad 0.8 \quad \frac{2}{5} \quad \frac{1}{4} \quad \frac{4}{2} \quad \frac{7}{4}$

C 分数を小数にすれば，比べることができるね。

> 小数で比べると数の大きさがすぐにわかるね

C 数には，整数や小数，分数といろいろな表し方があって，使いみちによって何に揃えたらよいかを考えたらいいね。

学習のまとめをする。

4 いろいろな分数の表し方をふりかえろう

T 今まで学習してきた『分数』にはどんな意味があったでしょうか。$\frac{2}{3}$ を使って説明しましょう。

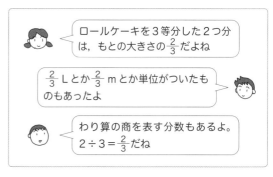

> ロールケーキを３等分した２つ分は，もとの大きさの $\frac{2}{3}$ だよね

> $\frac{2}{3}$ Lとか $\frac{2}{3}$ mとか単位がついたものもあったよ

> わり算の商を表す分数もあるよ。$2 \div 3 = \frac{2}{3}$ だね

T 次の時間には，分数のもう一つの使い方を学習します。（次時の予告をする。）

ふりかえりシートが活用できる。

<table>
<tr><td>整数や小数の倍と同じように，分数でも倍を表</td></tr>
</table>

本時の目標：整数や小数の倍と同じように，分数でも倍を表せることを理解する。

板書例

テープの長さを比べよう

赤	3m
青	4m
黄	2m

1

赤のテープは，青のテープの長さ の 何倍ですか。
└─ もとにする大きさ

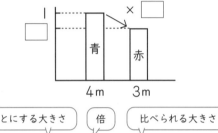

もとにする大きさ	倍	比べられる大きさ

式　4 × □ = 3
　　　□ = 3 ÷ 4
　　　□ = 0.75　　0.75倍

2

青のテープは，赤のテープの長さ の 何倍ですか。

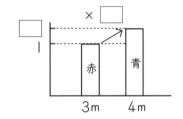

式　3 × □ = 4
　　　□ = 4 ÷ 3
　　　□ = $\frac{4}{3}$　　$\frac{4}{3}$ 倍

POINT 「にらめっこ図」にすると，「比べられる大きさ」と「もとにする大きさ」の比べ方が一目でわかるようになります。

1 赤のテープは青のテープの長さの何倍ですか。

C 「青のテープの長さ の 何倍」ということは，青のテープがもとにする大きさだね

C 「倍」を学習したときに使った「にらめっこ図」に表して式を立ててみよう。

C 4×□＝3　□＝3÷4で0.75倍です。

T 青は，赤の長さの何倍かも求めましょう。

C 「もとにする大きさ」が逆になったね。

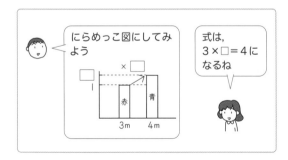

にらめっこ図にしてみよう

式は，3×□＝4になるね

2 何倍かを分数で表そう

T 青は，赤の長さの何倍になりましたか。

C 式は，3×□＝4　4÷3　わり切れないよ。

C わり算の商は分数で表せるから，4÷3＝$\frac{4}{3}$ で $\frac{4}{3}$ 倍になります。

　これまで，「倍」は整数や小数で表してきたが，分数で表す場合もあることを説明する。

T 黄は，赤の長さの何倍になりますか。分数倍で求めましょう。

3×□＝2
□＝2÷3で $\frac{2}{3}$　$\frac{2}{3}$ 倍です。

倍を分数で表すこともできるんだね

黄は，赤のテープの長さ(の)何倍ですか。

式　　$3 \times \square = 2$

$\square = 2 \div 3$

$\square = \dfrac{2}{3}$ 　　　$\dfrac{2}{3}$倍

3

青 ▬▬▬ 4m
黄 ▬ 2m
赤 ▬ 3m

$\dfrac{1}{3}$　$\dfrac{2}{3}$　1　$\dfrac{4}{3}$

まとめ

赤のテープの長さを1としたとき，

青のテープの長さは　$\dfrac{4}{3}$　にあたる大きさ

黄のテープの長さは　$\dfrac{2}{3}$　にあたる大きさ

4

青 ▬▬▬ 4m
赤 ▬▬ 3m
黄 ▬ 2m

$\dfrac{1}{2}$　1　$\dfrac{3}{2}$　2

黄のテープの長さを1としたとき，

赤のテープの長さは　$\dfrac{3}{2}$　にあたる大きさ

青のテープの長さは　2　にあたる大きさ

「にらめっこ図」については本書のp12, 13を参照しましょう。

3 割合の表し方を説明しよう

T　青，黄のテープは，それぞれ赤のテープの長さの $\dfrac{4}{3}$倍，$\dfrac{2}{3}$倍でした。これを，赤のテープの長さを1としたとき，青のテープの長さは$\dfrac{4}{3}$にあたる大きさ，黄のテープの長さは$\dfrac{2}{3}$にあたる大きさといいます。

C　「もとにする大きさ」を1とみたとき，比べられる大きさがどれだけにあたるかを表すことを「割合」といったね。

　赤のテープの長さを1としたときの，青と黄のテープの長さの割合を，図で確認する。

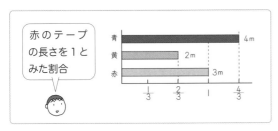

学習のまとめをする。

4 黄色のテープを1とみて割合を求めよう

T　黄のテープの長さを1とみると，赤や青のテープの長さはどれだけにあたりますか。

C　赤は，$2 \times \square = 3$　$\square = 3 \div 2$で $\dfrac{3}{2}$にあたります。

C　青は，$2 \times \square = 4$　$\square = 2$で　2にあたります。

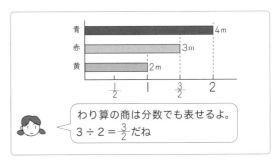

わり算の商は分数でも表せるよ。
$3 \div 2 = \dfrac{3}{2}$だね

C　$\dfrac{3}{2}$は，わり切れて1.5にもなるよ。小数でも表せるね。

ふりかえりシートが活用できる。

分数のたし算ひき算

◎ 学習にあたって ◎

<この単元で大切にしたいこと>

　　この単元では，既習を生かして分数についての理解を深め，異分母分数の加減の計算の仕方を考え，それらの計算ができるようにすることがねらいです。分数の倍分や約分，通分，そして分数の計算を通して，分数についての理解を深めるようにします。

　　異分母分数のたし算やひき算でのいちばん多いつまずきは，通分です。通分は次の3つのタイプに分けられます。Aタイプ（分母が4と3のように2つの積が最小公倍数になる），Bタイプ（分母が3と6のように一方が他方の倍数になる），Cタイプ（分母が8と6のように最小公倍数を見つけるのが難しい）です。この3つのタイプを意識して指導していくことが必要です。通分は最小公倍数でなければいけないということではありませんが，最小公倍数を使った方が便利だということを，学習を通して感じられればいいでしょう。

<数学的見方考え方と操作活動>

　　分母が違う分数を通分して，同じ分母に表して計算するためには，倍分や約分の学習で，分数のきまりである「分母と分子に同じ数をかけても同じ数でわっても大きさは等しい」ことが理解できることが大切です。倍分や約分を数字の操作だけで教えるのではなく，量として等しいことが実感できるように，水そう図や分数の数直線を丁寧に扱うことが大切です。それが，問題解決や説明の場面で子どもたち自身が表現し伝え合うときに，水そう図や分数の数直線を効果的に活用できることにつながります。

<個別最適な学び・協働的な学びのために>

　　本単元の指導の中心は通分にあります。なぜ通分しないと計算ができないのか，その理由を考えるような授業にしましょう。そのために，先に通分を教えるのではなく，異分母分数のたし算の学習の中で通分の必要性とその方法について考え，話し合いを通して子どもたち自身が発見できるようにしたいものです。

　　また，帯分数の計算方法の選択などは，子どもたちの考えや話し合いに任せる程度に扱い，分数の意味理解を深める学習につなげるといいでしょう。

◎ 評 価 ◎

知識および技能	分数の性質や約分，通分の意味を理解し，異分母の分数のたし算ひき算ができるようになる。
思考力，判断力，表現力等	異分母の分数のたし算ひき算の計算方法を考え，その方法を図や言葉を使って表すことができる。
主体的に学習に取り組む態度	異分母の分数のたし算ひき算では通分しなければいけないことに興味をもち，分数の通分，約分，加減の仕方を進んで考えようとする。

◎ 指導計画　9 時間 ◎

時	題	目　標
1	異分母分数のたし算の方法	分母が違う分数は，そのままではたし算ができないことに気づき，どのようにすれば計算ができるのか考えることができる。
2	大きさの等しい分数① 倍分	分数の分母と分子に同じ数をかけても，分数の大きさは変わらないことを理解し，等しい大きさの分数をつくることができる。
3	大きさの等しい分数② 約分	分数の分母と分子を同じ数でわっても，分数の大きさが変わらないことを理解し，等しい大きさの分数をつくることができる。
4	通分（A タイプ）して計算	通分の意味を理解し，通分をして加減計算ができるようになる。
5	通分（B タイプ）して計算	異分母分数の加減計算の意味を理解し，その計算ができる。
6	通分（C タイプ）して計算	異分母分数の加減計算の意味を理解し，その計算ができる。
7	帯分数のたし算	異分母分数の帯分数のたし算の仕方を考え，その計算ができる。
8	帯分数のひき算	異分母分数の帯分数のひき算の仕方を考え，その計算ができる。
9	時間を分数で表す	分数を使って時間を表す方法を理解することができる。

異分母分数のたし算の方法

板書例

分母がちがう分数のたし算の方法を考えよう

1

$\frac{1}{2}$ L のジュースと $\frac{1}{3}$ L のジュースを合わせると
何 L になりますか。

式　$\frac{1}{2} + \frac{1}{3}$

2　分母を等しくすればたし算できる

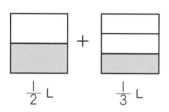

$\frac{1}{2}$ L 　　$\frac{1}{3}$ L

こうはならない

× 　$\frac{1}{2} + \frac{1}{3} = \frac{2}{5}$

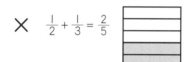

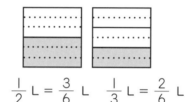

$\frac{1}{2}$ L $= \frac{3}{6}$ L 　$\frac{1}{3}$ L $= \frac{2}{6}$ L

$\frac{1}{2} + \frac{1}{3} = \frac{3}{6} + \frac{2}{6}$

$= \frac{5}{6}$

$\frac{5}{6}$ L

POINT　分母が違う分数でたし算をするにはどうすればいいのか，教えられるのではなく，子どもたちが水そう図や分数の数直線を

1　$\frac{1}{2}$L と $\frac{1}{3}$L を合わせると何 L になりますか

C　合わせるから式は，$\frac{1}{2} + \frac{1}{3}$ になります。

C　今までの分数のたし算は，分母が同じ分数だったよ。

> 分母は 2 + 3 とはできないのかな
>
> 分母の 2 + 3 をたして 5，分子も 1 + 1 をたして …$\frac{2}{5}$ にならないのかな

T　答えは $\frac{2}{5}$ L でいいでしょうか。

C　たしているのに $\frac{1}{2}$ よりも小さくなるのは変だよ。

$\frac{2}{5}$ L が $\frac{1}{2}$ L よりも少なくなっていることを図で示すと，分母どうし，分子どうしでたすことが間違いであることがわかる。

2　分母が違う分数のたし算はどうすればいいか考えよう

C　分母が同じ分数なら計算できるから，分母を同じにしたらいいね。

C　分母が同じということは，同じ分け方で表すんだね。

C　$\frac{1}{2}$ や $\frac{1}{3}$ と大きさが等しくて，同じ分母の分数をどうやって見つけたらいいかな。

T　図や数直線を使って，分母を同じにする方法を考えましょう。

> 図を見ていたら，同じ分け方で表せそうな気がしてきたよ
>
> 4 年生で学習した分数の数直線を使うと見つけやすそうだ

子どもたちが図や数直線をすぐに使えるように準備しておく。

| 準備物 | QR 分数の数直線
QR ふりかえりシート
QR 板書用図 | ICT | 表計算機能を使って分数を表現できる図を作って配信すると，子どもたちは色を塗るなどして分数を表現し，分数の計算の仕方・考え方をイメージしやすくなる。 |

3 〈分数の数直線〉大きさの等しい分数を見つけよう

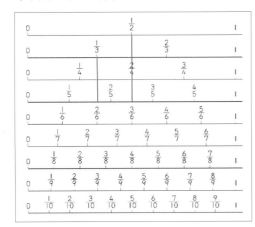

4

$$\frac{1}{2} + \frac{3}{5} = \frac{5}{10} + \frac{6}{10}$$
$$= \frac{11}{10}$$

$$\frac{3}{4} + \frac{1}{6} = \frac{}{} + \frac{}{}$$

表からでは見つけられない。
便利な方法を知ろう。

まとめ 分母がちがう分数のたし算は，
大きさが等しい，分母が同じ分数にすると計算できる。

使って考えていけるようにしましょう。

3 分母が違う分数のたし算の方法を話し合おう

数人の子どもが発表し，それを全員で話し合う。

> 分数の数直線を使って，大きさが等しく，分母が6と，同じ分数を見つけることができたよ

> 図を使ってどちらも分母6で表せることがわかったよ

T $\frac{1}{2}$ も $\frac{1}{3}$ も分母を6に揃えて，$\frac{1}{2} = \frac{3}{6}$，$\frac{1}{3} = \frac{2}{6}$ と表すことができますね。

C これで，$\frac{1}{6}$ のいくつ分として計算することができます。

C 分子の2と3をたして5，答えは $\frac{5}{6}$ になります。

$\frac{1}{6}$ 図を使って，$\frac{1}{6}$ の2つ分と3つ分を合わせると，答えが $\frac{1}{6}$ の5つ分になることを確かめる。

4 他の分数でも同じようにできるか確かめよう

T ほかの分数でも同じように，図などを使って分母を同じにできるでしょうか。

① $\frac{1}{2} + \frac{3}{5}$　　② $\frac{3}{4} + \frac{1}{6}$

C ①だと，分数の数直線を使って $\frac{1}{2} = \frac{5}{10}$，$\frac{3}{5} = \frac{6}{10}$ と見つけることができました。

C ②のような数は，数直線では見つけられないね。図で探すのも大変だ。

T 大きさが等しく，分母を同じ数で表すためのもっと便利な方法はないでしょうか。

学習のまとめをする。

ふりかえりシートが活用できる。

大きさの等しい分数①　倍分

大きさの等しい分数を見つけよう

1　$\frac{2}{3}$ と大きさの等しい分数は？

※分数の数直線を貼付する

分母が 10 より大きい分数は？

2　きまりをみつけて大きさの等しい
分数をつくってみよう。

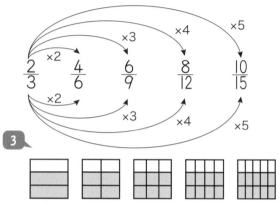

3

※ $\frac{2}{3}$ の図の上に縦に分割して表した 2 倍，3 倍，…の
シートをかぶせていく。

板書例

POINT　残念なことに教科書には倍分という言葉が使われていませんが，倍分という言葉を知っておくと便利なので取り上げてい

1 $\frac{2}{3}$ と同じ大きさの分数を見つけよう

T　$\frac{2}{3}$ と大きさの等しい分数を見つけましょう。

C　分数の数直線を見ると，$\frac{4}{6}$ や $\frac{6}{9}$ があるね。

C　分数の数直線を使えば簡単に見つけられるね。

T　もうほかにはありませんか。

> 数直線にない，分母が
> 10 以上になる分数も
> あると思うけど…。

> 分母が 10 以上の分数
> はどうやって見つけた
> らいいのかな。

　まずは，4 年生で学習した分母が 10 までの分数の数直線
をヒントにはじめる。そこから，数直線の範囲を越える大き
さの等しい分数はないのかという疑問を子どもたちに持たせ，
次の課題につなぐ。

2 $\frac{2}{3}$ と大きさの等しい分数を並べて
きまりをみつけよう

　グループで大きさの等しい分数のきまりを見つけていく。

> 分母が 3 倍なら分子も
> 3 倍になっているよ

> 分母と分子に同じ数
> をかけたらいいね

> 倍で考えられる。
> 分母が 2 倍になった
> ら分子も 2 倍

C　分母も分子も 4 倍にしたら $\frac{8}{12}$ になるね。

C　分母も分子も 5 倍にしたら $\frac{10}{15}$ だね。

C　でも本当に同じ大きさになっているのかな。

まとめ ・分母と分子に同じ数をかけることを倍分といいます。
・倍分した分数の大きさは同じです。

4 〈問1〉 $\frac{3}{4}$ と大きさの等しい分数を5つ書きましょう

$$\frac{3}{4} \qquad \frac{6}{8} \qquad \frac{9}{12} \qquad \frac{12}{16} \qquad \frac{15}{20} \qquad \frac{18}{24}$$

 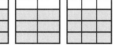 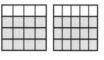

〈問2〉

① $\frac{1}{2} = \frac{(2)}{4} = \frac{(6)}{12}$ 　　② $\frac{5}{4} = \frac{(15)}{12} = \frac{(25)}{20}$

③ $\frac{7}{6} = \frac{(14)}{12} = \frac{28}{(24)}$ 　　④ $\frac{7}{3} = \frac{21}{(9)} = \frac{(28)}{12}$

ます。倍分は数字だけでなく，図を伴うことでイメージを明確にしましょう。

---

3 大きさの等しい分数のきまりを図で表してみよう

大きさは同じだね

$\frac{2}{3}$ の分母と分子をそれぞれ2倍，3倍，…と順に板書するときに，あわせて図も提示していく。

C 分数の数字が変わっても大きさは変わらないね。

T 分母と分子に同じ数をかけることを倍分といい，倍分した分数の大きさは同じです。

図を提示して子どもたちの考えを補強する。倍分を図に表す場合，横に分割することもできるが，ここでは縦に分割した方が倍分の意味がよくわかる。

学習のまとめをする。

4 どんな分数でもあてはまるか確かめる

T 〈問1〉 $\frac{3}{4}$ と大きさの等しい分数を5つ書きましょう。

ここでも答え合わせのときに，数字だけでなく図と対応させて，倍分しても量が変わらないことの理解を深めるとよい。

T 〈問2〉（　）にあてはまる数を書きましょう。

① $\frac{1}{2} = \frac{(\quad)}{4} = \frac{(\quad)}{12}$

② $\frac{5}{4} = \frac{(\quad)}{12} = \frac{(\quad)}{20}$

③ $\frac{7}{6} = \frac{(\quad)}{12} = \frac{28}{(\quad)}$

④ $\frac{7}{3} = \frac{21}{(\quad)} = \frac{(\quad)}{12}$

ここでは仮分数も扱いますが，きまりは変わらないことを伝える。

また，①〜④どれにも分母が12になる場合があることに気づかせる。第4時以降の「通分」にもつながる。

ふりかえりシートが活用できる。

大きさの等しい分数②　約分

板書例

大きさの等しい分数のきまりを見つけよう

1 $\frac{2}{8}$ と大きさの等しい分数を，分母の数が小さい方から 3 つ見つけよう

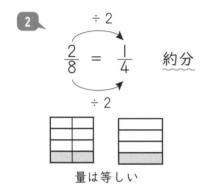

$$\frac{2}{8} = \frac{4}{16} = \frac{6}{24} = \frac{8}{32} \quad 倍分$$

2

$$\frac{2}{8} = \frac{1}{4} \quad 約分$$

$\div 2$

量は等しい

まとめ

・分母と分子を同じ数でわって，分母の小さい分数にすることを約分といいます。

・約分した分数の大きさは等しい。

POINT　分母と分子を同じ数でわっても「量」は同じであることを目で見えるように図で表して，理解を確かにしましょう。

---

1 $\frac{2}{8}$ と同じ大きさの分数を，分母の数が小さい方から 3 つ書きましょう

C　前の時間に学習した「倍分」を使えばできるね。

C　分母と分子に同じ数をかけたらよかったから…

$$\frac{4}{16}, \ \frac{6}{24}, \ \frac{8}{32}$$

分数の数直線でも調べてみよう　あれ？大きさの等しい分数だと $\frac{1}{4}$ もそうだ

$\frac{1}{4}$ は，$\frac{2}{8}$ の分母と分子をどちらも 2 でわった数だな

　前時の復習から入る。数直線に目を向けさせると，$\frac{2}{8}$ より分母が小さい $\frac{1}{4}$ に気づく子が出てくる。そのことを全体に伝え，同じ数をかけても同じなら，同じ数でわっても分数の大きさは変わらないことに，子ども自身が気づくように展開する。

2 図を使って $\frac{2}{8}$ と $\frac{1}{4}$ が等しいことを確かめる

T　$\frac{2}{8}$ と $\frac{1}{4}$ は，どんな関係があるでしょうか。

$\frac{2}{8}$ から見ると，どちらも 2 でわった数になっている

$\frac{1}{4}$ から見たら，分母と分子に 2 をかけて $\frac{2}{8}$ になっているね

T　分母と分子を同じ数でわって，分母の小さい分数にすることを約分といい，約分した分数の大きさは同じです。

　学習のまとめをする。

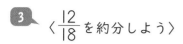

3 〈$\frac{12}{18}$ を約分しよう〉

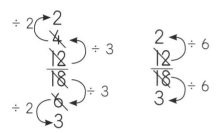

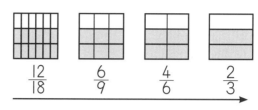

これ以上できないところまで約分する

4 〈約分の練習〉

① 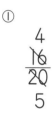　② 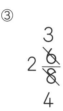　③ ④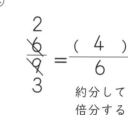

---

3 約分をしてみよう

T $\frac{12}{18}$ と大きさの等しい分数で，分母のいちばん小さい分数を見つけましょう。

C 12 と 18 を同じ数でわったらいいから…。

> 分母と分子を 3 でわって $\frac{4}{6}$，まだ 2 でわれるからさらに 2 でわって $\frac{2}{3}$
>
> 分母と分子を 6 でわって，$\frac{2}{3}$

T 約分するときは，もうこれ以上約分できないところまでわっていきます。約分の仕方は，6 でわるように一度にしてもいいですし，何回かに分けてわっても構いません。

$\frac{6}{9}$ や $\frac{4}{6}$ は約分の途中であることを，図を見せると理解しやすくなる。約分したらすっきりした分数になるという感覚が大切。

4 約分の練習をしよう

① $\frac{16}{20}$　② $\frac{16}{24}$　③ $2\frac{6}{8}$

① 最大公約数の 4 で約分すればよいことがわかりやすい数だが，もちろん 2 で 2 回約分してもよい。

② これもまずは 4 で約分する子が多いと思われる。また約分しきれたかどうかの確認が必要。

③ 帯分数の約分。整数の 2 まで約分をしてしまう子もいるかもしれない。まだ帯分数が理解できていない子には図を示して説明する。

> これは難しい ④ $\frac{6}{9} = \frac{(\quad)}{6}$

この問題は，段階を踏んで，まずは約分してから倍分する。3 でわって $\frac{2}{3}$ にしてから 2 をかけて $\frac{4}{6}$ となる。

ふりかえりシートが活用できる。

本時の目標 通分の意味を理解し，通分をして加減計算ができるようになる。

板書例

分母のちがう分数の計算のしかたを考えよう

1 牛にゅうが $\frac{2}{3}$ L ありました。そのうち，$\frac{1}{4}$ L 飲みました。残りは何 L ですか。

2 式 $\frac{2}{3} - \frac{1}{4}$　〔分母を同じにするには？〕

〈倍分〉

$\frac{2}{3}$　$\frac{4}{6}$　$\frac{6}{9}$　$\boxed{\frac{8}{12}}$　$\frac{10}{15}$　$\frac{12}{18}$　$\frac{14}{21}$　$\boxed{\frac{16}{24}}$

$\frac{1}{4}$　$\frac{2}{8}$　$\boxed{\frac{3}{12}}$　$\frac{4}{16}$　$\frac{5}{20}$　$\boxed{\frac{6}{24}}$　$\frac{7}{28}$　$\frac{8}{32}$

〈公倍数〉

3の倍数　3　6　9　⑫　15 18 21 ㉔ 27

4の倍数　4　8　⑫ 16 20 ㉔ 28 32 36

POINT 教科書では，大きさ比べから通分の必要性を感じさせようとしていますが，それは図に表すと大小関係は明白になってし

1 問題文を読んで，解決方法を考えよう

問題文を提示する。

C　式は $\frac{2}{3} - \frac{1}{4}$ になります。ひき算です。

C　分母が違うのでこのままでは計算できないね。

C　倍分を使えば同じ分母で表せそうだよ。

T　どうやって共通の分母の分数を見つけたらよいか考えましょう。

それぞれを倍分して，共通の分母の分数を見つけよう

それぞれ倍分した分数を書き並べていくのは大変だな…。

これまでに学習した，倍分などを使って通分する方法を各自で考えさせたい。

2 考えた方法をグループで話し合おう

$\frac{2}{3}$ と $\frac{1}{4}$ それぞれの大きさの等しい分数をまずは調べたよ。そこから同じ分母の分数を見つけたよ

計算するのに共通な分母は1つだけわかればいいから，$\frac{1}{4}$ の分数をまずは倍分して，それが $\frac{2}{3}$ の分数の倍分にあてはまるかで調べたよ

どちらにも共通な分母の数は，12，24…と3と4の公倍数になっているね。それぞれの分母の数の公倍数を見つけたら，簡単に見つかるんじゃないかな

各自が考えた方法を出し合い，話し合う中で解決方法をまとめることができるようにする。

準備物
- QR 板書用数直線
- QR ふりかえりシート

ICT
板書用数直線のデータを配信すると、子どもたちは異分母で大きさが等しい分数を見つけたり、通分をイメージしたりしやすくなる。

3

$\frac{2}{3}-\frac{1}{4}=\frac{8}{12}-\frac{3}{12}$
$=\frac{5}{12}$

$\frac{5}{12}$ L

$\frac{2}{3}-\frac{1}{4}=\frac{16}{24}-\frac{6}{24}$
$=\frac{10}{24}$ → $\frac{5}{12}$ ＜約分をする

4

まとめ　分母のちがう分数を分数の大きさを変えないで，共通な分母になおすことを通分するといいます。

〈$\frac{2}{3}-\frac{1}{4}$ の計算のしかた〉

① 3と4の（最小）公倍数である12を分母にする

② $\frac{2}{3}=\frac{8}{12}$（×4）　$\frac{1}{4}=\frac{3}{12}$（×3）

③ $\frac{8}{12}-\frac{3}{12}=\frac{5}{12}$

まう場合が少なくありません。本書では加減計算から通分の必要性を感じさせる内容になっています。

3 解決方法をみんなで話し合おう

C　3と4の公倍数の12を分母にして計算しました。
$\frac{8}{12}-\frac{3}{12}=\frac{5}{12}$　$\frac{5}{12}$ Lです。

C　私たちは分母を24にして計算しました。
$\frac{16}{24}-\frac{6}{24}=\frac{10}{24}$　$\frac{10}{24}$ Lです。

T　$\frac{5}{12}$ と $\frac{10}{24}$ は同じ大きさでしょうか。

$\frac{10}{24}$を約分したら $\frac{5}{12}$になるので同じ大きさです
約分した方がすっきりした分数になっていいと思います

通分する場合，最小公倍数を見つけると，いちばん小さい分母で通分できるが，最小公倍数でない分母を選んで通分する子もいる。答えを約分することも定着させたい。

4 通分の仕方をまとめよう

T　分母が違う分数を，それぞれの大きさを変えないで共通の分母の分数になおすことを通分するといいます。いくつかの分数を通分するには，分母の公倍数を見つけて，それを分母とする分数にします。

$\frac{2}{3}-\frac{1}{4}$ の計算の仕方を再度確認しておく。

① 3と4の（最小）公倍数である12を分母にする。
② $\frac{2}{3}$ と $\frac{1}{4}$ を12を分母とする分数になおす。
$\frac{2}{3}$ ➡ $\frac{8}{12}$　$\frac{1}{4}$ ➡ $\frac{3}{12}$　（倍分）
③ $\frac{8}{12}-\frac{3}{12}=\frac{5}{12}$ の計算をする。
※分母を24，36などほかの公倍数にしても計算できるが，答えを約分する。

通分には3つのタイプがある。（p170「本単元で大切にしたいこと」参照）本時は，そのAタイプ（分母の2つの積が最小公倍数になる）。

ふりかえりシートが活用できる。

通分（Bタイプ）して計算

板書例

通分して計算しよう

1

$\dfrac{2}{3}$ L と $\dfrac{1}{6}$ L のジュースを合わせると何 L ですか。

式　$\dfrac{2}{3}+\dfrac{1}{6}$

2

A　3と6の最小公倍数　⑥

$$\dfrac{2}{3}+\dfrac{1}{6}=\dfrac{4}{6}+\dfrac{1}{6}$$
$$=\dfrac{5}{6}$$

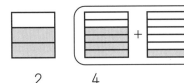

$$\dfrac{2}{3}\ =\ \dfrac{4}{6}$$

B　3と6の公倍数　$3×6=$ ⑱

$$\dfrac{2}{3}+\dfrac{1}{6}=\dfrac{12}{18}+\dfrac{3}{18}$$

$$=\dfrac{\overset{5}{\cancel{15}}}{\underset{6}{\cancel{18}}}$$ ＜ 約分をする

$\dfrac{5}{6}$ L

POINT　本単元では，通分と約分が重要です。そのため本書では通分を3つのタイプ別に学習します。本時のBタイプでは，答え

---

1 問題文を読んで立式して解決しよう

C　「合わせる」だからたし算です。

C　$\dfrac{2}{3}+\dfrac{1}{6}$ になります。

C　分母が違う分数だから，通分が必要です。

> 共通の分母は，3と6の公倍数で見つけたらよかった

> 公倍数を分母にして通分する。そして計算する

前時をふりかえり，分母が異なる分数の計算の仕方を考えさせたい。

2 計算の仕方をノートに図を使ってまとめよう

Aさん
> 3と6の最小公倍数は6だから，分母を6にして通分する。
> $\dfrac{1}{6}$ はそのままで，
> $\dfrac{2}{3}$ を $\dfrac{4}{6}$ になおす。
> $\dfrac{4}{6}+\dfrac{1}{6}=\dfrac{5}{6}$
> 答えは $\dfrac{5}{6}$ L

Bさん
> 3と6の公倍数だから3×6=18で18を分母にして通分する
> $\dfrac{2}{3}+\dfrac{1}{6}=\dfrac{12}{18}+\dfrac{3}{18}$
> $=\dfrac{\overset{5}{\cancel{15}}}{\underset{6}{\cancel{18}}}$　答えを約分する　$\dfrac{5}{6}$ L

ここでも $3×6=18$ で18を分母にする子もいるだろう。できれば最小公倍数で通分しておく方が便利だが，約分ができていて間違いがなければこの方法も認めたい。

| 準備物 | ・板書用図
 QR 動画「異分母分数たし算ゲーム」
 QR ふりかえりシート | I C T | 表計算機能を使って$\frac{2}{3}$や$\frac{4}{6}$を表せる図の枠を作って配信すると，子どもは色を塗って分数の大きさを表現するなどして，分数の計算のイメージを持ちやすくなる。 | |

3

$\langle \frac{1}{6} + \frac{1}{3}$ を計算しよう $\rangle$

最小公倍数は 6

$$\frac{1}{6} + \frac{1}{3} = \frac{1}{6} + \frac{2}{6}$$
$$= \frac{3}{6} \quad \text{約分できる！}$$
$$= \frac{1}{2}$$

まとめ
・分母のちがう分数のたし算も分母の（最小）公倍数で通分すれば計算できます。
・答えが約分できる場合は必ず約分をします。

4

①
$$\frac{1}{3} + \frac{5}{12} = \frac{4}{12} + \frac{5}{12}$$
$$= \frac{9}{12} \quad \text{約分できる！}$$
$$= \frac{3}{4}$$

②
$$\frac{1}{2} + \frac{1}{3} + \frac{1}{4} = \frac{6}{12} + \frac{4}{12} + \frac{3}{12}$$
$$= \frac{13}{12}$$

$$\frac{4}{5} + \frac{1}{2} - \frac{3}{4} = \frac{16}{20} + \frac{10}{20} - \frac{15}{20}$$
$$= \frac{11}{20}$$

で約分を必要とする場合が多いので要注意です。

3 2つの解き方から考えたことを話し合おう

C 図に表すと，分母を6にして通分した方がよくわかります。

C 最小公倍数の6で通分すると，通分でなおすのが片方だけだから簡単にできます。

C 答えの大きさもわかりやすいし，約分もしなくていいから最小公倍数で通分しておくと便利です。

T $\frac{1}{6} + \frac{1}{3}$ の計算をしてみましょう。

> 6を分母にして通分したらいいから…
> $\frac{1}{6} + \frac{1}{3} = \frac{1}{6} + \frac{2}{6} = \frac{3}{6}$ です
>
> あれ？答えを約分しないといけない

学習のまとめをする。

4 いろいろな問題に挑戦しよう

T 約分に注意して計算しましょう。

① 答えを約分する計算問題　$\frac{1}{3} + \frac{5}{12}$

② 三口の計算問題　$\frac{1}{2} + \frac{1}{3} + \frac{1}{4}$

　$\frac{4}{5} + \frac{1}{2} - \frac{3}{4}$

> 最小公倍数で通分しても，答えを約分しないといけない場合があるから気をつけよう

> 3つの分数の計算は，3つの分母の数の最小公倍数で通分したらできそうだね

最小公倍数で通分しても，答えが約分できないかどうかを確認することを徹底しておく。

ふりかえりシートが活用できる。

通分（Cタイプ）して計算

本時の目標	異分母分数の加減計算の意味を理解し，その計算ができる。

板書例

通分して計算しよう

1

$\frac{5}{8}$ m と $\frac{5}{6}$ m のテープがあります。どちらがどれだけ長いですか。

式　$\frac{5}{6} - \frac{5}{8}$

$\frac{5}{8}$ m

$\frac{5}{6}$ m

2

A　8と6の最小公倍数　24

$\frac{5}{6} - \frac{5}{8} = \frac{20}{24} - \frac{15}{24}$

$= \frac{5}{24}$

B　8と6の公倍数　$8 \times 6 = 48$

$\frac{5}{6} - \frac{5}{8} = \frac{40}{48} - \frac{30}{48}$

$= \frac{10}{48} \begin{smallmatrix}5\\24\end{smallmatrix}$

$\frac{5}{6}$ m のテープの方が $\frac{5}{24}$ m 長い

POINT 通分では，本時のCタイプでのつまずきが多くなります。最小公倍数にこだわらず，柔軟に対応しましょう。

1　問題文を読んで立式して解決しよう

C　ひき算の問題というのはわかるけど…。

C　$\frac{5}{6} - \frac{5}{8}$ か，$\frac{5}{8} - \frac{5}{6}$ かがわからないな。

> 分子が同じだから分母の小さい数の方が大きいね

> 式は，$\frac{5}{6} - \frac{5}{8}$ になります

これまでの問題で扱った量はかさだったが，本時では長さの量を扱っている。図も長さにふさわしい数直線を使う。

2　解決して，自分の考え方を説明し合いましょう

Aさん

> 8と6の最小公倍数は24です。共通の分母を24にして通分して計算しました。
>
> $\frac{5}{6} - \frac{5}{8} = \frac{20}{24} - \frac{15}{24}$
>
> $= \frac{5}{24}$

Bさん

> $8 \times 6 = 48$ です。共通の分母を48にして通分して計算しました。
>
> $\frac{5}{6} - \frac{5}{8} = \frac{40}{48} - \frac{30}{48}$
>
> $= \frac{10}{48} \begin{smallmatrix}5\\24\end{smallmatrix}$
>
> 答えを出した後に約分しました。

同じ方法でしていても，お互いに説明し合うことが大切。説明することで理解が深まり，全体で説明する自信にもつながる。

3

まとめ
- ・分母のちがう分数のたし算ひき算も，分母の（最小）公倍数で通分すれば計算できます。
- ・答えが約分できる場合は必ず約分をします。

4 〈 $\frac{9}{10} - \frac{1}{15}$ を計算してみよう 〉

最小公倍数を求めて通分

A $\quad \frac{9}{10} - \frac{1}{15} = \frac{27}{30} - \frac{2}{30}$

$\qquad = \frac{25}{30}^{\frac{5}{6}}$ 　最小公倍数で通分しても答えで約分を忘れない

分母をかけ合わせて通分

B $\quad \frac{9}{10} - \frac{1}{15} = \frac{135}{150} - \frac{10}{150}$

$\qquad = \frac{125}{150}^{\frac{5}{6}}$ 　約分が大変

---

3 2つの方法を比べて話し合おう

T 共通の分母を「8と6の最小公倍数である24」にして計算した人と，「8 × 6 = 48で48」にして計算した人が多かったようですね。2つの方法を比べてみてどうですか。

 最小公倍数を見つけるより，2つの分母の数をかけてしまった方が簡単です

最小公倍数でした方が数も小さくて計算が簡単だと思います

答えの数が大きいと約分で間違えてしまいそうです

学習のまとめをする。

4 2つの方法でやった感想を出し合おう

T 次の問題を2つの方法でやってみましょう。

$\frac{9}{10} - \frac{1}{15}$

最小公倍数を分母にして計算したけど，答えを約分しないといけませんでした

10×15＝150で150を分母にして計算してみました。答えが $\frac{125}{150}$ になって，約分が大変でした

最小公倍数を分母にした場合でも答えを約分しないといけないときがある。分母を150など大きい数にすると，扱う数も大きくなり，計算も約分も大変になる。子どもたちが最小公倍数の便利さに気づくようになることも大切なこと。

ふりかえりシートが活用できる。

帯分数のたし算

板書例

帯分数のたし算の方法を考えよう

1 $2\dfrac{1}{2} + 1\dfrac{5}{6}$

2

〈A 帯分数のままで〉

$2\dfrac{1}{2} + 1\dfrac{5}{6} = ②\dfrac{3}{6} + ①\dfrac{5}{6}$ …通分

$= ③\dfrac{8}{6}$ … 整数と分数 分けて計算

$= 4\dfrac{2}{6}$ … $1\left(\dfrac{6}{6}\right)$ くり上がる

$= 4\dfrac{\cancel{2}}{\cancel{6}\,3}^{1}$ …約分

〈B 仮分数になおす〉

$2\dfrac{1}{2} + 1\dfrac{5}{6} = \dfrac{5}{2} + \dfrac{11}{6}$ …仮分数に

$= \dfrac{15}{6} + \dfrac{11}{6}$ …通分

$= \dfrac{26}{6}$

$= 4\dfrac{\cancel{2}}{\cancel{6}\,3}^{1}$ … 帯分数に … 約分

POINT 帯分数のくり上がりは既習なので，教科書ではたし算ひき算を合わせて1時間扱いにしています。本書では，ふりかえり

1 分母の違う帯分数のたし算の方法を考えよう

T　この計算に挑戦してみましょう。$2\dfrac{1}{2} + 1\dfrac{5}{6}$

C　分母の違う帯分数の計算だね。

C　帯分数の計算は4年生のときに学習したよ。

> 通分して同じ分母にしないといけないね。

> 私は，帯分数のままで計算しよう

> ぼくは，仮分数になおした方がやりやすいな

　通分さえできれば，4年生での帯分数の計算は可能。帯分数，仮分数どちらで計算するかは個人差があるので，自由に選択して取り組ませたい。

2 解決方法を説明し合いましょう

Aさん

> 帯分数のままで計算しました。
> 共通の分母は最小公倍数の6にして通分しました。
> 整数と分数に分けて計算すると，1繰り上がります。
> 最後に約分を忘れずにしました。

$2\dfrac{1}{2} + 1\dfrac{5}{6} = 2\dfrac{3}{6} + 1\dfrac{5}{6}$
$= 3\dfrac{8}{6}$
$= 4\dfrac{2}{6}$
$= 4\dfrac{\cancel{2}}{\cancel{6}\,3}^{1}$

Bさん

> 仮分数に直して計算しました。
> 仮分数にしてから通分してたし算をしてから，また帯分数に直しました。
> 最後に約分もしました。

$2\dfrac{1}{2} + 1\dfrac{5}{6} = \dfrac{5}{2} + \dfrac{11}{6}$
$= \dfrac{15}{6} + \dfrac{11}{6}$
$= \dfrac{26}{6}$
$= 4\dfrac{\cancel{2}}{\cancel{6}\,3}^{1}$

　自分の計算方法をことばで説明，表現することを大切にしたい。

I C T　子どもが異分母分数の計算をする時の工夫としてかいた考え方を写真撮影し，共有機能を使って全体共有すると，様々な考え方を対話的に学び合うことができる。

3

まとめ
- ・帯分数のたし算も通分すれば計算できます。
- ・答えが約分できる場合は必ず約分をします。

4　〈いろいろな計算に挑戦しよう〉

① $1\frac{3}{4} + \frac{4}{5} = 1\frac{15}{20} + \frac{16}{20}$

$= 1\frac{31}{20}$　くり上がり

$= 2\frac{11}{20}$

② $1\frac{3}{20} + 3\frac{7}{12} = 1\frac{9}{60} + 3\frac{35}{60}$

$= 4\frac{44}{60}\frac{11}{15}$　約分

③ $\frac{11}{12} + 2\frac{3}{4} = \frac{11}{12} + 2\frac{9}{12}$

$= 2\frac{20}{12}$　くり上がり

$= 3\frac{8}{12}\frac{2}{3}$　約分

④ $1\frac{11}{14} + 3\frac{5}{7} = 1\frac{11}{14} + 3\frac{10}{14}$

$= 4\frac{21}{14}$　くり上がり

$= 5\frac{7}{14}\frac{1}{2}$　約分

も兼ねて丁寧に1時間ずつの扱いにしています。

3　それぞれの方法の良さを話し合おう

T　帯分数のままで計算するよさと，仮分数になおして計算するよさはどんなことですか。

 帯分数のままで計算すると，分母や分子の数があまり大きくならないので計算間違いをすることが少ないと思います

帯分数から仮分数，そしてまた帯分数になおすことをしなくてもいいです

 仮分数で計算すると，整数への繰り上がりを考えなくてもいいです

　答えは仮分数のままでも間違いではないが，「仮分数を帯分数になおした方が数の大きさがよくわかるね。」と，帯分数にすることを勧めておく。

　学習のまとめをする。

4　いろいろな計算に挑戦しよう

T　繰り上がりや約分に気をつけて計算練習をしましょう。

① 帯分数＋真分数（繰り上がりあり）

$1\frac{3}{4} + \frac{4}{5}$

② 帯分数＋帯分数（繰り上がりなし・答えに約分あり）

$1\frac{3}{20} + 3\frac{7}{12}$

③ 真分数＋帯分数（繰り上がりあり・答えに約分あり）

$\frac{11}{12} + 2\frac{3}{4}$

④ 帯分数＋帯分数（繰り上がりあり・答えに約分あり）

$1\frac{11}{14} + 3\frac{5}{7}$

　ふりかえりシートが活用できる。

板書例

帯分数のひき算の方法を考えよう

1

$$3\frac{1}{6} - 1\frac{2}{3}$$

2

〈A 帯分数のままで〉

$$3\frac{1}{6} - 1\frac{2}{3} = 3\boxed{\frac{1}{6}} - 1\boxed{\frac{4}{6}} \cdots 通分$$

$$= 2\boxed{\frac{7}{6}} - 1\boxed{\frac{4}{6}} \cdots \begin{array}{c}1\left(\frac{6}{6}\right)\\ くり下げる\end{array}$$

$$= 1\frac{\cancel{3}}{\cancel{6}_2}^{1} \cdots 約分$$

※ $3\frac{1}{6} \rightarrow 2\frac{7}{6}$ を図で説明します。

〈B 仮分数になおす〉

$$3\frac{1}{6} - 1\frac{2}{3} = \frac{19}{6} - \frac{5}{3} \cdots 仮分数に$$

$$= \frac{19}{6} - \frac{10}{6} \cdots 通分$$

$$= \frac{9}{6}$$

$$= 1\frac{\cancel{3}}{\cancel{6}_2}^{1} \cdots 帯分数に$$

$$\cdots 約分$$

POINT　通分，整数からの繰り下がり，そして約分と，これまでの学習内容が全て詰まった分数の総決算ともいえる学習ですから

1 たし算を参考に，帯分数のひき算に挑戦しよう

T　この計算に挑戦してみましょう。$3\frac{1}{6} - 1\frac{2}{3}$

C　帯分数のたし算を学習したから，ひき算も同じようにしてみよう。

帯分数のままで計算してもいいし，仮分数になおして計算してもよかったよ

仮分数になおした方がやりやすいから仮分数になおして計算しよう

帯分数のままで計算しよう。まずは，通分だ

前時の学習を踏まえて自由に取り組ませ，友だちに説明するための準備時間も確保する。一方で，個別指導を必要とする子どもに対して，この時間を有効に使えるようにする。

2 計算方法を説明し合いましょう

Aさん

帯分数のままで計算しました。
共通の分母は6にして
通分します。
$\frac{1}{6} - \frac{4}{6}$ はできないので
1繰り下げて整数と分数を分けて計算します。
約分を忘れずにします。

$$3\frac{1}{6} - 1\frac{2}{3} = 3\frac{1}{6} - 1\frac{4}{6}$$
$$= 2\frac{7}{6} - 1\frac{4}{6}$$
$$= 1\frac{\cancel{3}}{\cancel{6}_2}^{1}$$

Bさん

仮分数に直して計算しました。
仮分数にしてから通分してひき算をしてから，また帯分数に直しました。
約分もしました。

$$3\frac{1}{6} - 1\frac{2}{3} = \frac{19}{6} - \frac{5}{3}$$
$$= \frac{19}{6} - \frac{10}{6}$$
$$= \frac{9}{6}$$
$$= 1\frac{\cancel{3}}{\cancel{6}_2}^{1}$$

学習のまとめをする。

> まとめ
> ・帯分数のひき算も通分すれば計算できます。
> ・答えが約分できる場合は必ず約分をします。

3 〈いろいろな計算に挑戦しよう〉

① $5\frac{5}{6} - 1\frac{1}{4} = 5\frac{10}{12} - 1\frac{3}{12}$ …通分

$= 4\frac{7}{12}$

② $3\frac{5}{6} - 1\frac{1}{3} = 3\frac{5}{6} - 1\frac{2}{6}$ …通分

$= 2\frac{3}{6}^{1}_{2}$ …約分

③ $2\frac{1}{6} - 1\frac{4}{9} = 2\frac{3}{18} - 1\frac{8}{18}$ …通分

$= 1\frac{21}{18} - 1\frac{8}{18}$ …くり下げる

$= \frac{13}{18}$

④ $3\frac{1}{5} - 1\frac{9}{20} = 3\frac{4}{20} - 1\frac{9}{20}$ …通分

$= 2\frac{24}{20} - 1\frac{9}{20}$ …くり下げる

$= 1\frac{15}{20}^{3}_{4}$ …約分

4 〈たし算，ひき算の文章問題をつくってみよう〉

1時間ずつの丁寧な扱いにしています。

---

3 いろいろな計算に挑戦しよう

T 繰り下がりや約分に気をつけて，次の計算をやってみましょう。

① 帯分数−帯分数（繰り下がりなし・約分なし）

$5\frac{5}{6} - 1\frac{1}{4}$

② 帯分数−帯分数（繰り下がりなし・答えに約分あり）

$3\frac{5}{6} - 1\frac{1}{3}$

③ 帯分数−帯分数（繰り下がりあり・答えに約分なし）

$2\frac{1}{6} - 1\frac{4}{9}$

④ 帯分数−帯分数（繰り下がりあり・答えに約分あり）

$3\frac{1}{5} - 1\frac{9}{20}$

問題を解いていくうちにそれぞれの計算の仕方のよさがわかり，たし算は帯分数で，ひき算は仮分数で計算する，など問題に応じて使い分けできるようになると便利。

4 たし算，ひき算の文章問題をつくってみよう

T 次の2つの分数を使って，たし算とひき算の問題をつくりましょう。

$2\frac{1}{12}$　　$1\frac{3}{4}$

$2\frac{1}{12}$ Lのジュースがあります。みんなで $1\frac{3}{4}$ L飲みました。残りは何Lですか。

家から駅まで $2\frac{1}{12}$ km あります。$1\frac{3}{4}$ km 歩きました。残りは何km ですか。

りんごが箱に $2\frac{1}{12}$ kg 入っています。かごに $1\frac{3}{4}$ kg 入っています。合わせて何kgになりますか。

ふりかえりシートが活用できる。

時間を分数で表す

板書例

時間を分数で表そう

1 30分 = $\frac{1}{2}$ 時間　　15分 = $\frac{1}{4}$ 時間

2 20分 = $\frac{1}{3}$ 時間

3 〈5分を時間で表すと〉

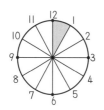　5分 = $\frac{1}{12}$ 時間

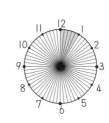

1分 = $\frac{1}{60}$ 時間

5分 = $\frac{5}{60}$ 時間

↓ 約分

$\frac{1}{12}$ 時間

POINT　時計盤やワークシートを使って，視覚的に捉えやすい30分や15分から始めます。そして，徐々に60等分する方法に

1 時計盤を見て，30分は何時間といえますか

ワークシートで学習できる。

C　ちょうど1時間の半分だね。

C　30分は $\frac{1}{2}$ 時間です。

C　1時間を2つに分けた1つ分だからです。

T　では，15分や45分は何時間といえますか。

> 1時間を4つに分けた1つ分だから15分は，$\frac{1}{4}$ 時間です

> 45分は1時間を4つに分けた3つ分で $\frac{3}{4}$ 時間です

視覚的に捉えやすい30分，15分から導入する。

2 20分は何時間といえますか

T　時計盤に線をひいて考えましょう。

> 線をひくと，20分は1時間を3つに分けた1つ分になりました。だから，20分は $\frac{1}{3}$ 時間です

C　どんな時間も分数で表すことができそうだな。

C　3分，5分，18分，27分，59分…とかも表せるのかな。

C　59分だと1時間をいくつに分けたらいいのかな。

　しだいに細かい時間へ移行して，60等分して表す方法へ近づけていく。

準備物	QR 板書用時計盤シート QR ワークシート QR ふりかえりシート
ICT	表計算機能を使って円グラフを描く要領で分数を表す図の枠を作成して配信すると，子どもたちは図に色塗りなどしながら，「時間」を分数で捉えやすくなる。

まとめ

$$1 分 = \frac{1}{60} 時間$$

どんな時間も 60 等分した，いくつ分として分数で表すことができる。

4 〈いろいろな時間を分数で表そう〉

① 25 分（時間）

$\frac{\overset{5}{\cancel{25}}}{\cancel{60}}$ 時間
$_{12}$

② 18 分（時間）

$\frac{\overset{3}{\cancel{18}}}{\cancel{60}}$ 時間
$_{10}$

③ 50 秒（分）

$\frac{\overset{5}{\cancel{50}}}{\cancel{60}}$ 分
$_{6}$

④ 90 分（時間）

$1\frac{1}{2}$ 時間 または

$\frac{\overset{3}{\cancel{90}}}{\cancel{60}}$ 時間
$_{2}$

近づけていくとわかりやすいでしょう。

3 5分を分数で表す方法を考えよう

5 分の目盛りは，1 時間を 12 等分した 1 目盛りだから，$\frac{1}{12}$ 時間と表すことができます

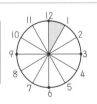

1 時間は 60 分だから 60 等分したと考え，5 分は，$\frac{5}{60}$ 時間としました。
約分して，$\frac{1}{12}$ 時間

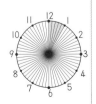

C　$\frac{5}{60}$ は約分できるから約分したら $\frac{1}{12}$ になります。

C　60 等分すると，1 分は $\frac{1}{60}$ 時間になります。

学習のまとめをする。

4 いろいろな時間を（　　）の単位の分数で表しましょう

T　① 25 分（時間）

12 等分して表してもいいです。$\frac{25}{60}$ 時間としたら，忘れずに必ず約分をしましょう。

② 18 分（時間）同じく約分に気をつけましょう。

③ 50 秒（分）

1 分 = 60 秒から，分を時間で表すときと同じように $\frac{\bigcirc}{60}$ 分とします。忘れずに必ず約分をしましょう。

④ 90 分（時間）

90 分 = 1 時間 30 分から，$1\frac{1}{2}$ 時間とする方法と 60 を分母にして $\frac{90}{60}$ 時間とする方法があります。ここでも約分を忘れずにしましょう。

ふりかえりシートが活用できる。

第9時　ワークシート

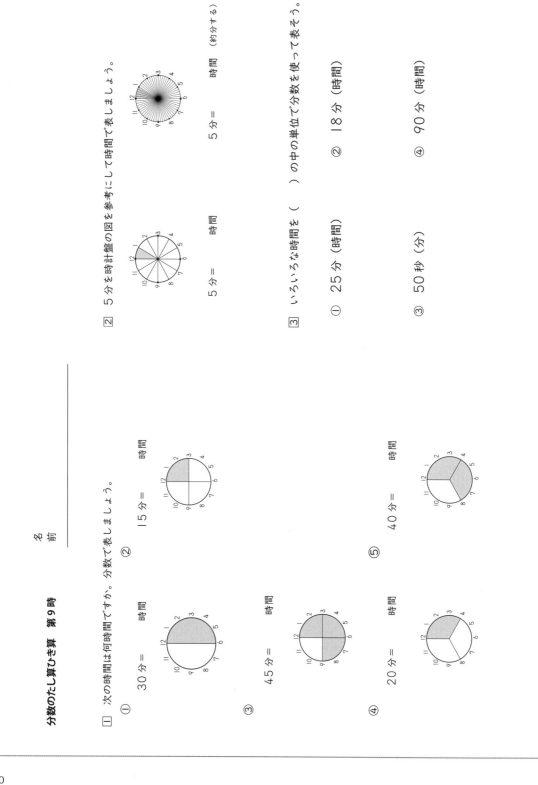

190

【企画・編集】

原田 善造　　わかる喜び学ぶ楽しさを創造する教育研究所　著作研究責任者

新川 雄也　　元愛媛県公立小学校教諭

【ICT 欄執筆】

安野 雄一　　関西大学初等部教諭　　　　　　　　　※ 2024 年 3 月現在

旧版『喜楽研の DVD つき授業シリーズ 新版 全授業の板書例と展開がわかる
　　　DVD からすぐ使える　映像で見せられる　まるごと授業算数 5 年』（2020 年刊）

【監修者・著者】

石原 清貴　板垣 賢二　市川 良　新川 雄也　原田 善造　福田 純一　和気 政司

【授業動画】　　　　　　　　　　　　　　　　**【撮影協力】**

石原 清貴　板垣 賢二　　　　　　　　　　　　　井本 彰

【発行にあたりご指導・ご助言を頂いた先生】

大谷 陽子

※ QR コードは，株式会社デンソーウェーブの登録商標です。

（ 喜楽研の QR コードつき授業シリーズ ）

改訂新版　板書と授業展開がよくわかる

まるごと授業　算数　5 年（上）

2024 年 3 月 15 日　　第 1 刷発行

企画・編集：原田 善造　新川 雄也（他 5 名）
編　　　集：わかる喜び学ぶ楽しさを創造する教育研究所　編集部

発　行　者：岸本 なおこ
発　行　所：喜楽研（わかる喜び学ぶ楽しさを創造する教育研究所：略称）
　　　　　　〒 604-0854　京都府京都市中京区二条通東洞院西入仁王門町 26－1
　　　　　　TEL 075-213-7701　FAX 075-213-7706
　　　　　　HP　https://www.kirakuken.co.jp
印　　　刷：株式会社イチダ写真製版

ISBN：978-4-86277-457-6　　　　　　　　　　　　　　　　Printed in Japan